追寻毛泽东足迹

毛泽东与广西

中共广西壮族自治区委员会宣传部
中共广西壮族自治区委员会党史研究室 编

中共党史出版社

图书在版编目（CIP）数据

毛泽东与广西 / 中共广西壮族自治区委员会宣传部，中共广西壮族自治区委员会党史研究室编 . -- 北京：中共党史出版社，2025.6. -- （追寻毛泽东足迹）.
ISBN 978-7-5098-6771-6

Ⅰ . A752

中国国家版本馆 CIP 数据核字第 2024G6H341 号

书　　名：毛泽东与广西
作　　者：中共广西壮族自治区委员会宣传部
　　　　　中共广西壮族自治区委员会党史研究室

出版发行：中共党史出版社
责任编辑：赵雨
责任校对：申宁
责任印制：段文超
社　　址：北京市海淀区芙蓉里南街 6 号院 1 号楼　邮编：100080
网　　址：www.dscbs.com
经　　销：新华书店
印　　刷：北京中科印刷有限公司
开　　本：710mm×1000mm　1/16
字　　数：120 千字
印　　张：9.25
版　　次：2025 年 6 月第 1 版
印　　次：2025 年 6 月第 1 次印刷
书　　号：ISBN 978-7-5098-6771-6
定　　价：28.00 元

此书如有印装质量问题，请联系中共党史出版社读者服务部　电话：010-83072535
版权所有·侵权必究

《毛泽东与广西》1993年版编委会

主　　编　张光皓
副 主 编　郎敏路　程贞生
编　　委　吴忠才　莫正荣　刘新华
　　　　　黄德胜　陈欣德　江　虹
　　　　　金本毅　王笠夫　韦春景
　　　　　韦秀康　韦明波　莫义同
组稿成员　李德汉　罗云树　樊东方
　　　　　马仕生　周骁骏
图文版式　阿　彤

（本书图片除署名或注明者外，均为中共广西壮族自治区委员会党史研究室供稿。）

序

赵富林

《毛泽东与广西》一书，是广西壮族自治区党委宣传部和党史研究室组织有关同志，为纪念毛泽东同志诞辰一百周年而编写的一本纪实性读物。书中收录了许多记述毛泽东同志关心广西革命和建设事业以及亲临南宁的那些宝贵、动人的篇章，凝结着广西各族人民对伟大领袖毛泽东主席的无限深情。

毛泽东同志是伟大的马克思主义者，伟大的无产阶级革命家、战略家和理论家，是中国人民的伟大领袖[①]。他领导中国人民进行了长期艰苦卓绝的新民主主义革命斗争，推翻了压在中国人民头上的帝国主义、封建主义和官僚资本主义三座大山，建立了人民的新中国；在社会主义革命和建设事业中，他创造性地开辟了中国社会主义建设的道路，积极地探索了在中国建设社会主义的道路，领导全国人民，把一个贫穷落后的旧中国，建设成了一个初步繁荣昌盛的新中国。他的丰

[①] 习近平总书记在纪念毛泽东同志诞辰130周年座谈会上的讲话中指出，毛泽东同志是伟大的马克思主义者，伟大的无产阶级革命家、战略家、理论家，是马克思主义中国化的伟大开拓者、中国社会主义现代化建设事业的伟大奠基者，是近代以来中国伟大的爱国者和民族英雄，是党的第一代中央领导集体的核心，是领导中国人民彻底改变自己命运和国家面貌的一代伟人，是为世界被压迫民族的解放和人类进步事业作出重大贡献的伟大国际主义者。

功伟绩，中国人民千秋万代，永志不忘。

毛泽东同志在长期的革命斗争历程中，对祖国南疆的广西各族人民，是十分了解、十分关心的。早在1926年，为了推动国共合作的大革命运动在广西的发展，毛泽东同志就在他亲自主办的第六届广州农民运动讲习所里，为广西培养了一批农民运动骨干。土地革命战争时期，毛泽东同志的井冈山革命斗争经验，也在邓小平等同志领导创建的广西左右江革命根据地开了花，结了果。从广西出发的红七军，跋涉7000里到达江西中央苏区后，毛泽东同志高度赞扬了红七军的革命精神，亲自给红七军授了旗。中央红军长征过广西时，毛泽东同志一面思考着纠正"左"倾教条主义错误、挽救红军、挽救革命的重大问题，一面亲自执行党的民族政策，关心广西苗、瑶等少数民族人民的生活和斗争。在伟大的抗日战争中，为了建立和巩固抗日民族统一战线，以毛泽东同志为核心的党的第一代中央领导集体从大局出发，求同存异，一直重视做国民党桂系实力派的统战工作，这对推动全国国共合作的形成和广西抗日救亡运动的发展，起了积极的作用。解放战争时期，毛泽东同志仁至义尽地对掌握南京政权的国民党桂系首脑李宗仁、白崇禧做争取工作。在解放广西战役中，毛泽东运筹帷幄，亲自指挥了这一漂亮的歼灭战，歼灭了17万多国民党反动军队，广西各族人民从此获得了新生。新中国成立初期，毛泽东同志又亲自部署广西剿匪工作，使广西迅速肃清匪患，巩固了新生的人民政权。新中国成立以来，毛泽东同志对广西的各项建设事业也倾注了许多心血。批准修建铁路，加强边防建设，指示搞好农业，建立地方工业，特别重视民族团结和民族地区的开发工作。1958年南宁会议期间，毛泽东同志关心广西工作以及他畅游邕江、接见广西各族人民群众的动人情景更是历历在目。在毛泽东主席和党中央的关怀下，广西的社会主义建设事业取得了显著的成绩。毛泽东同志与广西籍的革命老干部周子昆、雷经天、朱光、韦国清、莫文骅、覃应机等有许多感人至深的交往，与广西籍的著名爱国人士李济深、梁漱溟、林虎、李宗仁、程思远等有着肝胆相照、共谋国是的密切关系。这些，在书中都得到了适当的反映。虽然，本书不可能把毛泽东同志关怀广西革命和建设事业的丰富内容全都包括进去，但可以说，它已经将许多重要的史实都反映出来了，它把人民领袖与人民的骨肉深情充分表达出来了。书中一篇篇感人的记述，是以毛泽东同志为主要代表的中国共产党人全心全意为人民服务精神的具体生动的写照，是广大干部群众特别是年青一代学习党的历史，学习光荣革命传统的一份好教材。

温故而知新。毛泽东同志和他的战友们，不愧为时代的精英，国家的脊梁，他们领导中国人民创造的光辉业绩，为我们一代代共产党人继续前进打下了坚实的基础。斯人已逝，遗泽长存。邓小平同志说，我们能够取得现在这样的成就，都是同中国共产党的领导、同毛泽东同志的领导分不开的。从许多方面来说，现在我们还是把毛泽东同志已经提出、但是没有做的事情做起来，把他反对错了的改正过来，把他没有做好的事情做好。"今后相当长的时期，还是做这件事。"[1]以邓小平同志为核心的党的第二代中央领导集体运用马列主义基本原理，正确地总结了党的历史经验，在新的历史条件下，坚持和发展了毛泽东思想，提出了建设有中国特色社会主义理论，开创了中国社会主义现代化建设的新局面[2]。广西各族人民与全国人民一样，在这新的伟大历史征程中，正在大展宏图，奋力拼搏。特别是近年来，中央领导同

---

[1] 《邓小平文选》（1975—1982），人民出版社1983年版，第263—264页。
[2] 《中共中央关于党的百年奋斗重大成就和历史经验的决议》指出，党的十一届三中全会以后，以邓小平同志为主要代表的中国共产党人，团结带领全党全国各族人民，深刻总结新中国成立以来正反两方面经验，围绕什么是社会主义、怎样建设社会主义这一根本问题，借鉴世界社会主义历史经验，创立了邓小平理论，解放思想，实事求是，作出把党和国家工作中心转移到经济建设上来、实行改革开放的历史性决策，深刻揭示社会主义本质，确立社会主义初级阶段基本路线，明确提出走自己的路、建设中国特色社会主义，科学回答了建设中国特色社会主义的一系列基本问题，制定了到二十一世纪中叶分三步走、基本实现社会主义现代化的发展战略，成功开创了中国特色社会主义。

志多次到广西视察，1992年5月，党中央又决定，"要充分发挥广西作为西南地区出海通道的作用"。这对广西各族人民，是一个巨大的鼓舞。广西各族人民一定不辜负毛泽东等老一辈无产阶级革命家和以江泽民同志为主要代表的中国共产党人的期望，一定团结一致，共同奋斗，把广西建设得更加美好，使广西在背靠大西南、面向东南亚的大格局中作出新的更大的贡献。

1993年9月

目 录

毛泽东为广西播下革命火种 \ 1

毛主席赞誉韦拔群 \ 4

井冈山斗争的经验与左右江革命根据地 \ 8

毛主席授旗红七军 \ 11

越城岭上红梅俏——红军长征过广西时的毛泽东 \ 14

"朱毛过瑶山,官恨吾心欢"——广西各族人民怀念长征过广西时的
"朱毛红军" \ 17

毛泽东与"红军教头"周子昆 \ 21

要对党员干部执行比群众更加严格的纪律——毛主席给雷经天的
一封信 \ 25

为中华民族独立解放　求同存异共同抗日——抗日战争期间毛泽东对
国民党桂系的统战工作 \ 29

宽宏大度　仁至义尽——1949年国共和谈时毛主席对桂系的争取
工作 \ 32

计赚白崇禧——毛主席在广西战役中的英明决策 \ 36

毛主席和李济深 \ 40

毛主席指示广西迅速肃清土匪 \ 44

"山沟里的少数民族出人才"——毛主席关心韦国清等几位壮族

　　领导同志 \ 48

难忘的教诲 \ 51

"你的主张总的说是走改良主义的路，不是革命的路" \ 58

毛主席主张广西省会在南宁 \ 64

情系壮乡"大动脉" \ 67

睦南关、友谊关关名的由来 \ 70

毛主席关怀林虎的工作安排 \ 72

毛主席接见广西少数民族参观团 \ 75

毛主席是少数民族人民的贴心人 \ 78

毛主席赞扬莫寿全合作社 \ 83

难忘的时刻——毛主席会见青年团三大主席团成员 \ 86

毛主席和覃应机 \ 90

毛主席关心广西建设 \ 95

毛主席与南宁会议 \ 98

丰碑永存——毛主席为办好《广西日报》写指示信 \ 103

我参与毛主席在南宁会议期间的警卫工作 \ 108

接见，在公园春雨中 \ 118

我给毛主席献了花 \ 123

《刘三姐》进京 \ 125

毛泽东与李宗仁握手 \ 127

毛主席题字大藤峡 \ 132

再版后记 \ 136

毛泽东为广西播下革命火种

1926年，春光融融。

随着波澜壮阔的大革命运动的胜利进行，在中国共产党人的建议下，同年1月，国民党第二次全国代表大会通过了农民运动决议案。2月，设立了以林祖涵（林伯渠）、毛泽东、阮啸仙、萧楚女（均为共产党员）等9人为委员的国民党中央农民部农民运动委员会，以指导各地农民运动。

为了进一步培养农运骨干，以适应全国各地农民运动蓬勃发展的需要，在毛泽东等共产党人的倡议下，该委员会决定，开办具有全国规模的第六届农民运动讲习所。

3月16日下午，毛泽东与林祖涵等同志一起，出席了国民党中央农民部农民运动委员会召开的第一次会议。会议着重讨论了第六届农讲所的招生等问题，决定扩充名额至300名。在讨论名额分配时，毛泽东等同志根据广西农运发展的需要，决议"广西学生额四十人，其中三十名由梧州市党部在广西宣传员养成所内选送，十名由广西省党部送"。会议还决定由毛泽东担任该届农讲所所长。

当时，毛泽东在广州还担任国民党中央候补执行委员、国民党中央宣传部代理部长和《政治周报》主编等职务，工作很忙，但对开办农讲所的工作很重视。他立即与各省联系，亲自抓招生和师资等筹备工作。3月29日，国民党梧州市党部派执行委员兼组织部部长李血泪（当时是中共党员）和广西宣传员养成所所长杨文炤到广州向毛泽东汇报广西的招生工作情况。毛泽东给予热情接待，认真听取了他们的意见和建议。

3月30日下午，国民党中央农民运动委员会召开第二次会议。会上，"毛泽东同志报告广西招生事"，提出"前议决在梧州党办之宣传员养成所内选派学生30名，但昨晤李血泪、杨文炤两同志，据称宣传养成所学生系由广西各县平均派送，而广西农民运动宜从梧州附近数县着手等语，请将前次决议略为变更案"。会议根据此提案，作出相应的决议："30名学生仍由梧州市党部负责考选，不限于宣传员养成所，总以属于梧州附近各县县籍，决心作农民运动之青年同志为限。"

根据此决议，国共合作的国民党梧州市党部和广西省党部分别从梧州附近各县和设在梧州的广西宣传员养成所及广西各地，选送了刘铁雄、区建新、李家怡、戴锡禄（以上为苍梧县人）、黄光和（梧州市）、李铭鼎（原属藤县太平，后属岑溪县）、陈时新（贺县）、吴延亮、李赤雷、莫亮贤、陈耀中（以上四人为平南县人）、李为贵（北流县）、陆矶彰（壮族，原奉议县，今田阳县）、赵秉寿（壮族，原恩隆县，今田东县）、陈鼓涛（壮族，东兰县）、黄润生（壮族，东兰县）、易挽澜（壮族，原思乐县，今宁明县）等40名青年入广州第六届农讲所学习。在这些学员中，大多数是农民运动积极分子和有志于农民运动的进步青年学生，有不少人是共产党员或共青团员。他们经过考试后均被录取。广西学员数占第六届农讲所学员总数13%左右，为当时全国20个省学员名额中最多的一个省。这是毛泽东等同志对广西农民运动的极大关怀和支持！

"毛在农讲所象一颗新星升起。"① 该农讲所于同年5月开学后，毛

---

① 摘引自〔美〕R. 特里尔著：《毛泽东传》，河北人民出版社1991年版，第91页。

泽东同志既当所长，又当教员，以丰富的理论和实践经验，亲自讲授《中国农民问题》《农村教育》《地理》等课程，还讲授了《中国社会各阶级的分析》等专题。周恩来、李立三、彭湃、恽代英、萧楚女、张太雷、邓中夏、阮啸仙等同志也曾先后到农讲所讲课或作讲演。在学习期间，毛泽东同志还把学员按地区组成13个农民问题研究会。广西学员在毛泽东指导下，认真学习革命理论，联系广西农运实际，积极参加研究活动，政治思想和理论水平都有很大的提高，有的学员（如东兰县的陈鼓涛）在农讲所里加入了共产党。

同年9月，这一届农讲所学员结业了。广西籍的学员除个别人留在广州工作外，其余"由中央农民部介绍回省工作者30余人"。即由省农民部"委为特派员，各回原籍工作"。这些学员，按照毛泽东等同志的教导，运用在农讲所学到的革命理论，深入农村第一线，宣传发动群众，组织农民协会，建立农民自卫军，领导各族农民开展反对帝国主义和封建主义的斗争，有力地促进了广西农民运动的发展，形成了以东兰和桂平、平南为中心的广西农运高潮。在革命斗争中，陆矶彰、易挽澜、陈鼓涛、戴锡禄等一批学员献出了宝贵的生命，有的在后来成为邓小平等同志创建的红七军和红八军的骨干。

毛泽东同志当年在农讲所为广西播下的革命火种，越烧越旺，它永远照耀着广西各族人民的革命征程！

（陈欣德）

毛主席赞誉韦拔群

在右江两岸，红水河畔，壮乡各族人民的心里，深深镌刻着一位卓越的共产主义战士的名字：韦拔群！

如果说，彭湃是广东和全国农民运动的先驱，那么，韦拔群则是广西农民运动的旗手。

早在1922年，韦拔群便在东兰、凤山一带领导壮、汉、瑶等族农民开展反对豪绅地主的斗争，曾于1923年率领农民武装攻克东兰县城。遭挫折后，为了进一步寻求救国救民真理，他于1925年1月入广州第三届农民运动讲习所学习。结业后，被国民党中央农民部委派为广西农民运动特派员，回东兰县开展农运工作。他按照广州农讲所的做法，举办农民运动讲习所，培训农运骨干。同时深入宣传发动农民群众，组织农民协会和农民自卫军，开展农村大革命。斗争烈火燃烧得像木棉花那样殷红，使以地主豪绅为支柱的根深蒂固的封建势力受到猛烈的冲击。

1925年12月，桂系当局派军队伙同当地土豪劣绅，对东兰县农民运动进行疯狂镇压，大肆烧杀掳掠，据统计，至1926年2月被杀害的农运骨干和群众达100多人，被烧、抢、勒索的农户共7000多家，造成当时震惊省内外的"东兰农民惨案"。韦拔群被迫率农军退入西山，继续坚持斗争。

中共广西地方组织,通过各种方式,发动全省各界群众和省内外的有关组织,大力声援东兰的农民斗争。国共合作的国民党广西省党部两次派人到东兰进行实地调查。

5月,广东全省农民代表大会致电慰问东兰受难农友。不久,毛泽东同志主编的《政治周报》和中央农民部主办的《中国农民月报》等刊物,相继刊载了这一消息。

7月,中共中央机关刊物《向导》周刊第165期以《东兰县农民之浩劫》为题作了报道,指出"因交通不便,贪官等又以'赤化''过激''土匪'等罪名蒙蔽政府,所以外面到现在因农民的快邮代电才知道详情"。

接着,中央农民部主编的《农民运动》先后全文刊载了国民党广西省党部农民部部长陈协五写的《广西东兰农民之惨案》和中共南宁地委负责人、原国民党广西省党部青年部部长陈勉恕写的《广西东兰农民运动之实际状况》等调查报告。这些报告肯定了东兰农民运动的正义性,赞扬韦拔群领导的东兰农运"是广西农民运动的一个先锋队"。这就进一步引起了中共中央和毛泽东同志对东兰农民运动的关注。

1926年11月,毛泽东同志被委任为中共中央农委书记。当时,党中央的一些领导人偏重于注意同国民党搞合作或注意工人运动而忽视了农民运动,毛泽东同志却把农民问题放在战略地位上考虑,以此作为探索中国革命道路的一个中心课题。

12月5日,中共中央局根据毛泽东同志提供的各地农运情况,在写给共产国际的《中央局报告(十、十一月份)》中,对广西农运情况赞扬说:"广西之东兰县,今年曾发生县长……援助劣绅土豪屠杀农民数百人之惨剧(事见《向导》一六五期)。现时经韦拔群同志之努力又将东兰农民组织好,把土豪劣绅击退至西江东岸。韦同志在东兰已成了海陆丰之彭湃,极得农民信仰。"这些中肯的评价和赞誉,不仅是中央局意见，也反映了毛泽东同志的意见。

由于韦拔群在右江地区领导各族农民坚持长期武装斗争（在大革命失败后的白色恐怖时期，仍不中断），创造比较深厚的群众基础，所以，1929年邓小平同志被党中央派到广西领导革命工作后，便选择右江地区为革命落脚点，与韦拔群等同志一起，于同年12月11日在右江地区发动了历史上著名的"百色起义"，创建了全国瞩目的右江革命根据地。

1931年11月7日至20日，中华苏维埃第一次全国代表大会在江西瑞金召开，成立了以毛泽东为主席的临时中央政府执行委员会。由于敌人严密封锁和山川阻隔，韦拔群不能出席这次代表大会，但仍被大会选为中华苏维埃共和国临时中央政府执行委员，这充分体现毛泽东等同志对韦拔群的信任和器重。

韦拔群于1932年10月为中国革命事业献出宝贵生命。1934年1月，第二次全国苏维埃代表大会召开时，毛泽东同志在会上提议为韦拔群等同志的牺牲致哀。

新中国成立后，毛泽东同志非常怀念韦拔群烈士。1955年，覃应机同志与张云逸、谢扶民等同志到广州见毛主席时，毛主席深情地对他们说："韦拔群是广州农讲所最好的学生！"

1956年8月，广西民委副主任黄举平同志率广西少数民族参观团到北京等地参观时，毛主席在怀仁堂接见了他们。毛主席握着黄举平的手问："你是哪里人？"黄举平答："我是东兰县的。"毛主席又问："东兰出了个韦拔群！？"黄举平点头回答："是的。我们都称他为'拔哥'，他在右江地区威望很高，各族人民对他的印象很深！"毛主席深有感慨地说："是啊，群众对他很爱戴，可惜他牺牲了！"

20世纪50年代，一位在毛主席身边担任警卫工作的都安籍瑶族战士，回家探亲后写了个调查报告，当毛主席批改他的调查报告时，知道他的家乡靠近东兰，便问他："东兰有一位革命先烈叫韦拔群，你知道吗？"那位战士回答："听讲过。"毛主席便对他说："东兰是个革命根据地，过去韦拔群同志就在那里领导人民闹革命，后来为革命牺牲了。他是壮族人民的好儿子、农民的好领袖、党的好干部！"

1958年1月，毛主席在南宁主持中央工作会议时，曾对韦国清等同志说："韦拔群是个好同志，我过去搞农运，有些东西还是从韦拔群那里学来的。"

60年代初期，有一位广西贺县籍的文艺工作者，因工作关系，经常见到毛主席。毛主席知道她是广西籍后，又问她是否知道韦拔群，并对她说："韦拔群搞农运很出色，是个好同志！"

总之，毛主席生前每遇到广西的同志，总要提起韦拔群同志，以表达其怀念、赞誉之情。

（陈欣德）

井冈山斗争的经验与左右江革命根据地

大革命失败后，集中体现中国革命正确方向的是毛泽东、朱德领导的井冈山革命根据地的斗争。他们为中国革命探索了一条农村包围城市、武装夺取政权的正确道路。

井冈山与左右江地区相隔千山万水，但井冈山革命根据地在建立革命武装、开展土地革命、加强政权建设等方面的经验，为左右江革命根据地树立了光辉的榜样。

1929年9月，原任党中央秘书长的邓小平以中共中央代表身份来到广西开展革命工作。他按照毛泽东关于"工农武装割据"的思想，借鉴南昌起义、秋收起义和广州起义的经验，尤其是借鉴了井冈山斗争的经验，于1929年12月11日和1930年2月1日分别发动了百色起义和龙州起义，创建了拥有20多个县、100多万人口的革命根据地。其规模和影响，为全国瞩目。

在百色起义和龙州起义中建立起来的红七军和红八军，"是仿朱毛编制"（中央军委《对广西红军工作布置的讨论》）的。军中设立前委为军中党的最高领导机关，前委之下有军政治部和纵队政治部，并在连队建立党支部，连以下分小组，连以上有营委、纵队党委，这就加强了党对军队的领导。同时，按照官兵一致原则建立民主制度，在红军中成立了各级士兵委员会，连有连兵委，营有营兵委，纵队有纵队兵委，军为士兵代表大会，"兵委的职权还是仿朱毛的经验：A、在不妨碍军事指挥之下进行管理士兵群众生活；B、监督军中内部的经济生活（当然不能过于超过范围，如用了一笔款去秘密购买武器，当然不便公开的预先通知兵委），审查军队的经济；C、军中行政建议；D、建立裁判委员会（每营一个）处决士兵群众间所发生的问题（当然小的问题可以由长官执行的，不一定要提到裁判委员会解决）"。这与毛泽东在三湾改编时提出和井冈山红四军建立的士兵委员会是一致的。

在作战方面，红七军和红八军吸取了朱毛红军几年战争所积累的战术经验，"建立游击战的战术以易集中易分散为原则"，善于运用"集中"与"分散"的策略，既有"集中"的指挥去应付敌人，又有"分散的运动去推动群众，使'集中'与'分散'能根据当时的客观形势互相配合起来。其余如用绕圈子办法来避免敌人的追击，用波浪式的推动去影响其他区域的斗争"。这些都是朱毛红军"分兵以发动群众，集中以应付敌人"和"十六字诀"战术精神的体现。

1930年4月初，木棉吐艳。邓小平向中央汇报工作后，风尘仆仆回到东兰县武篆区，便与雷经天（右江苏维埃政府主席）、韦拔群（红七军第三纵队长）一起，着手进行右江革命根据地的土地革命工作。其做法，正如邓小平在1968年6月20日至7月5日写给党中央的材料中所说的："我们在右江的土地政策"，"是我在中央时从红四军报告中学得的平分土地的政策"。当时，左右江地区各级苏维埃政府或革命委员会内均设有土地委员会或土地委员，主持土地革命工作。部队还派干部下乡帮助群众打土豪、分田地。邓小平亲自在武篆举办党员干部训练班，向学员介绍红四军在井冈山平分土地的经验。同年5月，右江苏维埃政府参照毛泽东在井冈山领导开展土地革命的经验，结合右江地区实际，颁布了右江《土地法暂行条例》，条例中对土地革命的方针、政策、没收的土地财产及处理原则、土地分配方法以及税收等问题，都与井冈山的做法相一致。如规定"分配土地应以乡为标准，由乡苏维埃召集大会或代表会议讨论执行，由县、区苏维埃切实指导之"；"分配土地应以人口为标准，以出产的多寡，平均分配之"等。这些规定是正确的，符合广大贫苦农民的利益。广大农民分到土地后，扬眉吐气，革命和生产积极性空前高涨。他们从事实中认识到红军和红色政权是真心为他们的切身利益而奋斗的，从而更加热爱红军和新生政权。这样做，也促进了各级政权建设，促进了根据地的巩固和发展。

在发展前途方向上，据邓小平 1930 年 1 月在中央军委召开的对广西红军工作布置的讨论会上所作的《补充报告》中说："这种斗争发展的方向，是左右江取得联系，以推向湘、粤边发展，以造成与朱、毛、彭、黄会合的前途"。这也是当时鼓舞红七军、红八军坚持革命斗争的口号。但不久，在党内"左"倾冒险错误的影响下，红七军（包括红八军存下的余部）奉命离开根据地去攻打大城市，使部队受到严重的损失。红七军指战员经过艰苦转战，在桂、黔、湘、粤、赣五省行程七千多里，终于在 1931 年 7 月到达江西雩都（今于都）县，与中央红军会合，成为中央红军的一部分。

可以说，震撼祖国南疆的左右江革命根据地的斗争，是井冈山革命斗争经验在壮乡盛开的红花！

（陈欣德）

毛主席授旗红七军

太阳喜洋洋地挂在高空,金灿灿的阳光映照山野。起伏的群山,晶莹的溪水,茂密的丛林,把赤都瑞金城装扮得格外美丽、可爱!

1931年11月,中华苏维埃第一次全国代表大会在瑞金胜利召开。我们来自壮乡的红七军派出5位代表,从始至终参加了大会。闭幕式这一天,各个连队又派出4名代表参加。我作为红七军政治保卫队的代表之一,与红七军90多位代表一起,怀着无比幸福、喜悦的心情,从江西瑞金西面邬石地区的军部驻地来到瑞金县城,光荣地参加了中华苏维埃第一次全国代表大会闭幕式。

这次代表大会,是中央苏区人民在党和毛泽东同志的正确领导和直接指挥下,连续粉碎国民党反动派三次疯狂"围剿",革命根据地日益巩固、扩大的形势下召开的。这一年的7月,我们红七军经过长途征战,从广西到达中央苏区,与毛泽东和朱德率领的中央红军胜利会合。我想着今天革命形势的发展,想到会上能见到毛泽东等领导同志,心里边像春潮一样汹涌、激荡。

会场设在瑞金城郊的松山岗子上。临时搭成的大会主席台上悬挂着"热烈庆祝全国工农兵代表大会胜利闭幕"字样的横额,台上正中高挂着一面有镰刀、斧头的大红旗,台的两旁装饰着翠绿的松柏树枝,树枝上缀着许多大红花。会场里,挤满了成千上万的群众,儿童团的孩子们高唱着革命歌曲，到处显示着节日的欢乐景象。

那天下午，我们穿着整齐的服装，精神抖擞地进入会场。大会开始时，首先由主持会议的同志宣布选举中华苏维埃共和国临时中央政府的结果。当读到毛泽东同志当选为中央执行委员会主席时，全场响起了热烈的掌声和欢呼声，如波涛奔腾，经久不息。当读到红七军军长张云逸同志和二十一师（后改为右江独立师）师长韦拔群同志当选为中央执行委员时，我们又一次欢呼起来，报以热烈的掌声，感谢党中央、毛主席对红七军广大指战员和广西右江地区各族人民的关怀和信任。

使我心情更加激动的是：闭幕式大会结束后，毛主席代表中央工农民主政府亲自给各个红军部队授旗。授旗前，毛主席满脸笑容地走到主席台前，当他说到中央苏区军民取得三次反"围剿"的伟大胜利时，当场赞扬红七军的英勇革命斗争精神。毛主席说：来自广西右江地区的中国工农红军第七军，是我党领导下的一支英勇善战的人民军队。你们来到中央苏区后，立即参加第二、三次反"围剿"战斗，为保卫中央苏区作出了很大贡献。中央苏区人民赞誉你们，中央工农民主政府赞誉你们。希望你们今后要发扬这种革命精神，永远保持人民军队的本色，为继续粉碎敌人的"围剿"，保卫和巩固中央革命根据地和红色政权作出更大的贡献！

毛主席给红七军授的是一面大红锦旗。旗上面用深蓝色丝线绣着一条腾空飞舞的巨龙，龙的上方用黑丝线绣着"千里来龙"[①]四个熠熠生辉的大字。

红七军军部参谋处一位代表上台从毛主席手上接回授给红七军的大红锦旗后。我们便围在这面大红锦旗下，看了又看，摸了再摸，又幸福，又欢乐，又感激。大家按捺不住心情的激动，一串串热泪，顺

---

① 此篇为姜茂生将军回忆录节选。毛主席授旗红七军是授予"转战千里"而非"千里来龙"。

着面颊，滚落在大红锦旗上。大家纷纷表示：牢记毛主席的亲切教导，永远干革命！

第二天早晨，我们便高举着这面大红锦旗，带着毛主席和中央工农民主政府对红七军的关怀、赞誉，返回部队驻地。毛主席亲自给红七军授锦旗的消息像春风一样迅速传遍全军，广大指战员受到了极大的鼓舞。当时，红七军的主力正开到寻邬一带发动群众，开展打土豪、分田地的革命运动，并派出两个团到广东省的梅县地区开展游击战争，扩大政治影响。大家决心以辉煌的战绩报答毛主席和工农民主政府的关怀和信任。

四十多年过去了，毛主席已和我们永别了！但是，每当我想起这件事，心里就涌出一股幸福的暖流，激励我在新长征道路上奋勇前进！

〔作者：姜茂生（1911—1985），广西凤山县人，中国人民解放军少将。

本文曾刊于《广西革命斗争回忆录》第一辑，收入本书时有删节。〕

越城岭上红梅俏

——红军长征过广西时的毛泽东

1934年11月26日，患病未愈的毛泽东随中央红军军委第一纵队渡过湖南道县、江华县之间的沱水（潇水），从永安关进入灌阳县界。这是毛泽东第一次踏上广西的土地。

冬天的越城岭，寒风刺骨，衣衫单薄的红军正像越城岭上的红梅在与严寒搏斗。而掌握着红军命运的中共中央领导层此时也正面临着严峻的考验……

毛泽东这时担任的职务是中共中央政治局委员和中华苏维埃共和国临时中央政府主席。他虽然自1933年9月第五次反"围剿"以来，完全被"左"倾教条主义者排除出中央红军的领导岗位，但出于对中国人民革命事业的赤诚之心，他仍多次向党中央和中革军委提出自己的战略性意见。尽管这些意见屡遭拒绝，他也毫不计较。第五次反"围剿"失败后，1934年10月，中央红军被迫撤出中央苏区，开始了搬家式的长征行军。一个多月来，红军虽然冲破了敌人的3道封锁线，但眼前能否在广西境内的湘江一带冲破敌人的第四道封锁线，毛泽东为此深深地忧虑着。毛泽东曾向中央郑重提出，红军应在黄沙河渡过湘江之后北上，可在湘中蓝田一带伺机歼敌，打破敌人"围剿"，以避免西进钻入敌人精心设置的防线。但"左"倾教条主义者又一次拒绝了他的建议。

果如毛泽东所料,"左"倾领导者的指挥贻误了战机,被迫在广西兴安、全州、灌阳一带的湘江上游,同追击、围堵而来的30万国民党军队进行了一场惨烈的恶战。中央红军渡过湘江,从长征出发时的8.6万多人锐减到3万多人。

沉痛的教训使红军指战员逐渐觉醒。时任红军总参谋长的刘伯承同志回忆当时的情况说:"广大干部眼看反第五次'围剿'以来,迭次失利,现在又几乎濒于绝境,与反第四次'围剿'以前的情况对比之下,逐渐觉悟到这是排斥毛泽东同志为代表的正确路线,贯彻执行了错误的路线所致,部队中明显地滋长了怀疑不满的意见及要求改变领导的情绪。这种情绪,随着我军的失利,日益显著,湘江战役,达到了顶点。"

11月30日,毛泽东随军委纵队渡过湘江后,12月4日至5日,又翻越了华南第一高峰猫儿山附近的老山界。在行军途中,他耐心地同曾支持"左"倾错误领导的王稼祥、张闻天等领导人谈心,同周恩来、朱德交换意见,使他们对当时在党内和红军内指挥一切的博古(中共临时中央实际负责人)和李德(共产国际派来的军事顾问、德国人)的"左"倾错误领导有了进一步认识。觉悟了的王稼祥对博古、李德的教条主义瞎指挥很不满。说"到时候要开会,把他们'轰'下来。"张闻天也转过来支持毛泽东。朱德、周恩来则是向来尊重毛泽东的。

红军在广西境内继续翻越城岭西进。从过老山界起,中央领导内部发生争论,毛泽东、王稼祥、张闻天开始批评中央的军事路线,认为第五次反"围剿"以来的失败是由于军事领导上的错误路线所造成的。同时,在红军战略转移的方向问题上,鉴于去红二、红六军团的道路上蒋介石已设置重兵,红军已失去到湘西的先机,毛泽东向中央建议:放弃去湘西同红二、红六军团会合的计划,转向敌人力量薄弱的贵州前进,到川黔边建立根据地。博古、李德不予采纳,把希望寄托在与红二、红六军团的会合上。后来在湖南通道召开的中共中央负责人紧急会议上又进行了争论。12月18日,中央政治局在贵州省的黎平召开会议。会上就毛泽东提出的建议进行了激烈的争论。博古、李德等人仍不接受毛泽东的意见,但大多数同志赞同毛泽东的主张。于是会议作出决议,通过了毛泽东的建议。这是中央红军长征途中的战略性的转变。黎平会议成了毛泽东正确主张逐渐为中央多数领导人接受的重要标志。这就为1935年1月召开的遵义会议奠定了基础。遵义会议是关系党和红军生死存亡的重要会议。会议事实上确立了毛泽东同志在党中央和红军的领导地位,结束了"左"倾教条主义在党中央的统治,在极端危急的历史关头挽救了中国共产党,挽救了红军。

红军长征途经广西的光辉战斗历程正是遵义会议的酝酿过程中一个重要组成部分。

越城岭上的红梅,预报了春天的信息。第一次踏上广西土地的毛泽东,以历史巨人的坚实步伐,在中国人民革命胜利的道路上,留下了深深的足迹。

(吴忠才)

"朱毛过瑶山，官恨吾心欢"

——广西各族人民怀念长征过广西时的"朱毛红军"

"朱毛红军"，是革命人民对朱德（任总司令）、毛泽东（任总前委书记兼总政治委员）领导的中国红军第一方面军（即中央红军）的亲切称呼。1934年12月，中央红军长征过广西时，朱德仍是红军总司令，毛泽东虽然被"左"倾错误领导解除了在红军中的领导职务，但"朱毛红军"的名声早已深入人民群众的心坎里，连敌人也不得不在当时的文电中称"朱毛军"的厉害！毛泽东曾深刻而又风趣地说过：朱毛，朱毛，朱不能离开毛，毛不能离开朱。

"朱毛红军"是中国共产党领导的，全心全意为中国人民的解放事业而奋斗的一支人民军队。中央红军从1934年11月25日进入广西，途经灌阳、全县（今全州县）、兴安、资源、龙胜、灵川六县，到12月13日全部离开广西进入湖南，历时19天，行程290多公里。作为中国革命的宣传队和播种机，长征中的红军在广西各族人民心中留下永不磨灭的印记。红军经过的灌阳等地是瑶、苗等少数民族聚居的地方。因此，红军早就提出要注意处理民族关系，保护各族群众的利益。1934年11月19日，红军在道县境内时，总政治部发布了长征以来第一份民族工作的纲领性文件《关于争取少数民族的指示》。29日，红军总政治部又发出了《关于瑶苗民族中工作的原则指示》。《指示》中提出：要在精神和物质上帮助少数民族，要团结少数民族的上层阶级，要反对大汉族主义和狭隘民族主义，瑶族群众和中国劳苦人民要"联合起来，协力同心，为推翻帝国主义国民党而奋斗"。《指示》中还制定了 13 条《关于对苗瑶民的口号》。

红军在广西境内，一方面积极宣传党的民族政策，通过散发传单、小册子，口头宣传，演"文明戏"，写革命标语等，使党的民族政策深入人心，一方面以实际行动表明红军是各族人民自己的军队。在灌阳的文市、水车，资源的两水，兴安的中洞，龙胜的江底、芙蓉、平等、广南等地，至今还保留着当年红军写的标语。这些标语，有的宣传党和红军的宗旨，有的揭露桂系军阀的反动统治，有的宣传党的民族政策。行动上，红军严格遵守群众纪律，尊重少数民族风俗习惯，保护少数民族群众的利益，在少数民族地区停止打土豪，给少数民族同胞发放衣物，赠送枪支等。

毛泽东模范地执行党的民族政策。一次，红军在拂晓时走到一个苗族山寨。毛泽东和警卫班同在一个屋子里休息。他对战士们说：我们进入苗区啦，苗族同胞和我们汉人一样也要闹革命，反抗白军的压迫，他们是我们的弟兄。他还讲述了苗族受白军压迫的具体情况以及苗族的风俗习惯、宗教信仰，并嘱咐大家：到了苗区，要更好地遵守群众纪律，不许到处乱跑乱窜，不许随便动人家的东西。还说，他们的妇女与苏区的不同，苏区的妇女见了红军就喊"红军哥哥回来了"，苗区的姐妹可不兴这样的称呼咧，她们还有些封建呢！

这里的各族群众从红军的一言一行中了解了红军。他们积极行动起来，为红军带路、筹粮，掩护红军突围，抢救红军伤病员，有的还参加了红军。

桂北的瑶族群众曾在 1933 年 2 月，发动了反抗国民党反动统治的武装起义。不久，起义被桂系军阀镇压下去了。红军进入桂北前，桂系军阀害怕红军到来会再次触发瑶民起义，因而仓促拼凑了灌阳、全

朱毛红军长征过广西时,在龙胜龙舌岩上留下的标语。

州、兴安三县"联区保安委员会",并派员到瑶族地区"专从事于瑶民宣传工作"。为了揭穿敌人的阴谋,红军在桂北很重视对瑶族群众的工作。在灌阳文市唐家村,至今还保存着11条向瑶族群众宣传的标语。如:"红军和瑶民是一家人,我们要协力同心扫平李宗仁、白崇(禧)!""反对李宗仁白崇禧收缴瑶民的枪械!""反对李宗仁白崇禧向瑶民抽税!"红军曾在龙胜县泗水乡的龙舌岩(今光明岩)邀请瑶族群众起义失败后躲在山上的五名首领座谈,给他们送了几支枪作自卫,并在伸出的岩石上写下了"红军绝对保护瑶民""继续革命,再寻光明"等标语。苦难的瑶族群众遇到了救星,他们非常感激红军,原来跑上山躲藏的返回了家园,热情为红军办事。瑶胞盘桂荣不避艰险,带领红军通过兴安的关卡才喜界。沈再德、沈再富兄弟俩机智勇敢地带领30名红军战士突围,还精心照料了两名留下来的红军重伤员。红军离开以后,瑶胞日夜思念这支人民子弟兵。他们满怀深情,在才喜界观音顶岩的石壁上刻下了一首诗:

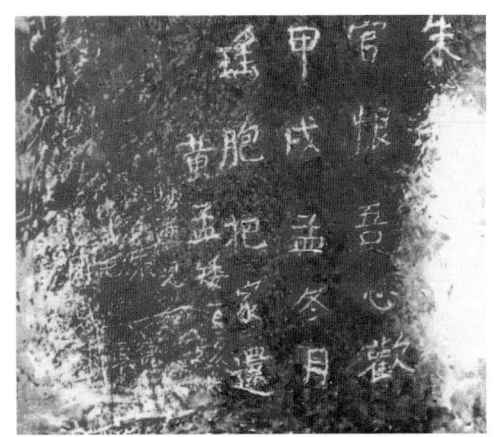

朱毛过瑶山　官恨吾心欢
甲戌孟冬月　瑶胞把家还
　　黄孟矮　乙亥正月
　　　　时遇恩人
　　　　　　朱德
　　　　　　毛泽东
　　　　　　周恩来
　　　　　　彭德怀

诗中的"甲戌"即1934年。署名"黄孟矮"，可能是从才喜界附近的三个瑶族村寨——黄家寨、孟山、矮岭各取头一个字合并而成。"乙亥正月"即1935年2月。

这是一首凝练的历史诗篇。如今，这石刻诗的照片，还保存在中国人民革命军事博物馆里，向人们述说着中国共产党领导的人民军队与各族人民鱼水情深的感人历史！

（吴忠才）

毛泽东与"红军教头"周子昆

毛泽东爱才,流传着许多感人肺腑的故事。他爱学问家,更爱战将。广西籍红军将领周子昆,就一直深受毛泽东的偏爱。

周子昆,1901年出生于桂林市一个贫农家庭。1924年参加孙中山大元帅府铁甲车队。1925年加入中国共产党。北伐战争时期在叶挺独立团任营长。1927年参加南昌起义,后率部跟朱德转战湘粤赣边境,参加了湘南起义。几千里的长途跋涉,几个月的连续战斗,他背着已经牺牲了的同志遗下的三支步枪走路。团参谋长王尔琢见他身体虚弱,背着沉重的枪支,着实难以支持,便劝他把枪扔掉。他说:"共产党加枪杆子等于革命成功,你别小看这三支枪,到了井冈山就成一个班。"1928年4月下旬,朱德、毛泽东领导的两支革命部队在江西宁冈砻市会师。部队整编时,别的营、连都是人多枪少,唯独周子昆的二营除人手一枪外,还多出十余支枪。毛泽东知道此事后,连声称赞说:"周子昆这个营长很有远见,很有远见。"同年8月,在茨坪开办红四军军官教导队,毛泽东亲自选定周子昆担任副大队长,负责领导教学工作,称周子昆为"红军教头"。

1930年8月,周子昆调任红三军参谋长。在第一次反"围剿"战斗中,红三军奉命在表湖以东的小别大拱桥正面迎击敌军第十八师。周子昆亲临前线,率领一个营居高临下,与敌拼杀,将敌军压到龙冈镇，最后歼敌9000余人，活捉敌前线总指挥张辉瓒。毛泽东在谈到龙冈战斗时说：打得很好嘛，反"围剿"，第一仗就全歼敌人，周子昆立下头功喽！后来，毛泽东还用《渔家傲》这个词牌填了一首词，词中在写到龙冈战斗时，用赞扬的笔调写道：

万木霜天红烂漫，天兵怒气冲霄汉。

雾满龙冈千嶂暗，齐声唤，前头捉了张辉瓒。

在第二次反"围剿"战斗中，红三军奉命沿东固通中洞的道路前进，伺机奇袭敌军公秉藩师。1931年5月5日晚，周子昆和黄公略正借着松明的微光，伏在军用地图上研究行军路线，毛泽东来到红三军指挥所，说："估计敌人在明天中午到达白云山的制高点将军帽，红三军要在敌人到达以前，布下伏兵，整个战役才能顺利展开。70里山路，你们有把握赶到吗？"周子昆想了一下，肯定地回答："有把握！""这就好，按计划行动吧！"毛泽东十分赞赏眼前这位"红军教头"的性子，放心地走了。周子昆没有辜负毛泽东的期望，带领部队走捷径，抄小道，攀悬崖，越峭壁，穿林过涧，以急行军速度，先敌到达将军帽，将主力设伏在白云山深处。当敌人赶到白云山下时，红三军战士猛冲下来，锐不可当。敌军被打得晕头转向，溃不成军。此战歼敌副师长以下4000余人，敌师长被俘。毛泽东又填了一首《渔家傲》词，他欣喜地这样写道：

白云山头云欲立，白云山下呼声急，枯木朽株齐努力。

枪林逼，飞将军自重霄入。

这里写的"飞将军"正是指的周子昆指挥下的红军兵将。

1934年10月，中央红军开始长征。红军缩编，周子昆任红九军团二十二师师长。中央红军进入贵州境后，共产国际派来的军事顾问李德要二十二师正面强攻平黄。周子昆到前沿观察，看到平黄城高墙厚，易守难攻，决定先打下城外场坝高地，再从右侧破城。李德说，这是游击战法，不宜用，周子昆申辩说："游击战法，正规战法，我看能打胜仗就是好战法！"骄横的李德指责周子昆抗拒军令，有意把部队搞垮，叫警卫班把他绑起来，送军法处审判。警卫班的同志不肯动手，李德大为恼火。当时，毛泽东正好在场，说："这个人是我在井冈山时的'教头'，就交我处置吧！"毛泽东巧妙地保护了周子昆。

1935年6月，红一、红四方面军在四川懋功会师，周子昆调任红军总部第一局局长，和朱德等随红四方面军为主的左路军行动。9月中旬，张国焘在中阿坝召开高级干部会议，在会上攻击中央北上方针，要左路军南下，并强迫周子昆等人表态。周子昆激动地说："想想在长征路上，我们牺牲那么多的同志，他们为的是什么？是革命的胜利。北上才有胜利的希望，南下显然没有出路。我即使战死，也要死在北上的路上！"在场的朱德、刘伯承等人听了，报以热烈的掌声。后来，红军到达陕北，毛主席在谈到中阿坝会议时说："周子昆不但敢打硬仗，还敢打分裂主义，真是难得的将才。"

1937年冬，党中央派周子昆参加新四军的组建工作。同年11月6日，中共中央军委主席毛泽东致电在南京的中共中央代表博古："初步决定新四军隶属八路军，编二师四旅八团，拟以叶挺为军长、项英为副军长，陈毅为政治部主任，周子昆为参谋长……"其时，周子昆正在延安抗大。作为一个参加过南昌起义、红军时期担任过军区司令员的将领，他渴望早日驰骋疆场，驱逐敌寇，挽救民族危亡。现在毛泽东主席亲自提名，他即将为一支新的抗日武装——陆军新编第四军参谋长，真令他激动、振奋。

12月下旬，在枣园前，毛泽东、林伯渠等领导人与周子昆等一一握手话别。毛泽东握着周子昆的手微笑着说："你是井冈山的教头，此去江南，开展游击战争，大有英雄用武之地啊！"周子昆牢牢记住毛泽东的话，率30名干部，风尘仆仆，从延安奔赴南昌，协助叶挺、项英组建新四军。新四军宣告成立后，张云逸任参谋长、周子昆任副参谋长。后周子昆又率部多次抗击日军的疯狂进攻，取得了一次又一次反"扫荡"的胜利。1941年皖南事变中,周子昆不幸被叛徒杀害,为革命流尽了最后一滴血。

周子昆牺牲后,毛泽东同志还专门发了唁电:"沉痛悼念忠诚的革命战士周子昆",称周子昆为"对革命有功的优秀干部"。

(韦秀康)

要对党员干部执行比群众更加严格的纪律

——毛主席给雷经天的一封信

1937年10月初的一个夜晚，在革命圣地延安的宝塔山下，发生了一起枪杀案。陕北公学女学生刘茜倒在河滩上，她身旁站着一个神情木然的军人黄克功——抗日军政大学第六队队长。刘茜就是被他逼婚不遂而遭他枪杀的。

抗大干部逼婚杀人！这可是我党我军历史上从未有过的事情。人们议论纷纷，愤怒痛斥这种惨无人道的行为，许多人主张把这革命败类枪决，以严肃革命纲纪；也有人认为黄克功曾出生入死，战功累累，主张从轻发落，让他戴罪立功。一位无辜少女的鲜血，使延河掀起了轩然大波。

这件案子正落在雷经天的手上。当时他是陕甘宁边区高等法院庭长，是主持审理黄克功案件的审判长。

雷经天是广西南宁津头村人，1925年入党，参加过南昌起义、广州起义和百色起义，是广西右江革命根据地的创建人之一，是一位对党对人民无比忠诚的共产党员。他曾先后三次被错误地开除出党：第一次是1928年1月，广东省委决议把雷经天在观音山战斗中掩护战友撤退错误地说成是"临急欺骗潜逃"，决定开除他的党籍。后来周恩来亲自赶到香港代表中共中央宣布广东省委的处分决定无效，雷经天才重新获得党籍。第二次是 1930 年 11 月，因反对李立三的集中红军进攻中心城市的"左"倾冒险错误和坚持保留一部分地方武装以保卫右江革命根据地的正确意见，而被撤销职务，开除出党，直至他随红七军到江西苏区后不久，党中央纠正了"左"倾冒险错误，才恢复了他的党籍。可是在随后不久开始的肃反中，他因被诬陷为"改组派成员"，又一次被开除了党籍。在二万五千里长征中，雷经天是背着两个"大黑锅"——一个是给战士烧水做饭的大铁锅，一个是被诬为"改组派"的"大黑锅"——爬雪山，过草地，坚强地走出绝境。凭着对马克思主义的坚定信仰，凭着为民族解放、为人民幸福而奋斗的坚定目标，雷经天在挫折中变得更加坚强。到达陕北后，他又带病跋山涉水，到处为红军筹粮。后来，党中央又给雷经天平了反。

1937 年七七事变后，组织上安排他担任边区高等法院的庭长（后任代院长、院长）。雷经天才接任边区高等法院庭长不久，就碰到了这一件十分棘手的案子。

案犯黄克功曾是一位有功之臣。他参加了毛泽东领导的秋收起义，跟随毛泽东上井冈山坚持斗争，后又在毛泽东领导下，四渡赤水，过关夺隘，征战万里，战功不小，曾任过红军旅长。现在这个黄克功又给毛主席写信，在信里表示认罪服罪，也没有提出免除一死的要求，只是请求给他一挺机枪，让他到抗日前线与日本鬼子血战至死。雷经天看看桌子上黄克功的案卷和黄克功写给毛主席的信，思忖着：黄克功虽然资格老，功劳大，但他逼婚杀人，按律当杀；可是毛主席会同意把一个一直跟随他南征北战的猛将杀掉么？毛主席会不会同意黄克功的请求？……当时对此作种种猜测的岂止雷经天一人。

雷经天知道，毛主席经常教导党的干部不要脱离群众，不要为个人私利而损害人民群众的利益，要真心实意地为群众谋利益。这样做，群众才会拥护我们，才会把革命当作他们的生命。作为一个人民法官，一案当前，首先想到的应是运用法律去保护人民群众的利益，在执法当中充分体现人民的意志。况且，边区作为抗日的模范地区，处理好党群关系、军民关系尤为重要。敌人也正在千方百计地破坏边区党和军队与群众的鱼水关系。我们对干部更要严格执行党的纪律。如果徇私枉法，不杀黄克功，将有损于我党我军的威信，将会失去民心，为亲者痛，仇者快，直接危害党和人民的事业。这样做，毛主席显然是不会同意的。

雷经天思前想后，顾虑打消了，他又征求了一些同志的意见，然后挥笔给毛主席写了一封信，主张严格依法办事，对黄克功处以极刑。

毛主席与人民群众的心是息息相通的，与雷经天这个全心全意为人民的老共产党员的心也是息息相通的。雷经天的意见得到了毛主席的支持。1937年10月10日，毛主席给雷经天回了信。全文如下：

雷经天同志：

你的及黄克功的信均收阅。黄克功过去斗争历史是光荣的，今天处以极刑，我及党中央的同志都是为之惋惜的。但他犯了不容赦免的大罪，以一个共产党员、红军干部而有如此卑鄙的，残忍的，失掉党的立场的，失掉革命立场的，失掉人的立场的行为，如为赦免，便无以教育党，无以教育红军，无以教育革命者，并无以教育做一个普通的人。因此中央与军委便不得不根据他的罪恶行为，根据党与红军的纪律，处他以极刑。正因为黄克功不同于一个普通人，正因为他是一个多年的共产党员，是一个多年的红军，所以不能不这样办。共产党与红军，对于自己的党员与红军成员不能不执行比较一般平民更加严格的纪律。当此国家危急革命紧张之时，黄克功卑鄙无耻残忍自私至如此程度，他之处死，是他的自己行为决定的。一切共产党员，一切红军指战员，一切革命分子，都要以黄克功为前车之戒。请你在公审会上，当着黄克功及到会群众，除宣布法庭判决外，并宣布我这封信。对刘茜同志之家属，应给以安慰与抚恤。

毛泽东

一九三七年十月十日

第二天，陕甘宁边区高等法院召开了公审大会，雷经天在会上当众宣读毛主席的这一封信，随后将黄克功枪决。群众称他为"雷青天"。毛主席给雷经天的这封信里所闪烁的光辉思想，在雷经天以后的革命生涯中，特别是在1937—1945年担任边区高等法院院长、1950年6月1日—1956年担任中华人民共和国最高法院中南分院院长、1956年以后担任上海华东政法学院院长期间，在雷经天为建立新的民主法制而呕心沥血地进行工作当中，始终像一盏明灯一样指明着方向。

今天，当人们谈论起这个案子时，无不对毛主席和雷经天表露出由衷的敬意和深切的怀念。

（苏宝钧）

为中华民族独立解放　求同存异共同抗日

——抗日战争期间毛泽东对国民党桂系的统战工作

在中国人民伟大的抗日战争中，以毛泽东同志为主要代表的中国共产党人，以博大的胸怀，从中华民族解放独立的最高利益出发，积极倡议并推动建立了抗日民族统一战线，团结各方面力量，共同抗日，终于取得了近代史上中国人民反对帝国主义侵略的第一次彻底的胜利。其间，毛泽东亲自做国民党桂系的统战工作，正是国共合作抗日的伟大事业中的一个重要篇章。

1935年12月，中国共产党在陕北瓦窑堡会议上，制定了抗日民族统一战线的战略方针。毛泽东在会上作的报告精辟地分析了在日本帝国主义要把中国变为它的殖民地，中日民族矛盾急剧上升为主要矛盾的情况下，中国民族资产阶级有抗日和动摇的两面性，以及地主买办营垒内部矛盾分化的可能性，批评了党内长期存在的"左"倾关门主义，也提醒全党不要犯过去的右倾错误，要团结一切抗日力量，反对当前的主要敌人日本帝国主义。毛泽东在报告中说："胡汉民所依托的两广派军阀，也在所谓'收复失地'和'抗日剿匪并重'（蒋介石的主张是'先剿匪，后抗日'）的欺骗口号下，同蒋介石对立。……这种矛盾，对于革命的人民却是有用的。"

1936年6月，中共中央对两广军阀李宗仁、陈济棠以反蒋抗日为号召而发动的两广事变（又称六一事变）给予了支持，并派员到广西与李宗仁、白崇禧联系。9月1日，中共中央书记处发出了《关于逼蒋抗日问题的指示》。9月22日，毛泽东在给李济深和李宗仁、白崇禧的信中指出："当前急务，在于全国范围内停止内战，一致对日。"信中表示同意桂系意见，双方建立抗日救亡协定。1937年4月，中共中央根据形势发展，又将"逼蒋抗日"方针转变为"联蒋抗日"。5月，毛泽东在接见到延安的桂系代表刘仲容时指出，今后各方面包括广西在内，要共同督促蒋介石履行在西安事变期间许下的诺言，积极投入抗日战争。6月，中共中央又派张云逸到广西与桂系谈判。毛泽东多次电示张云逸，要促使桂系积极参加抗日战争，同时也要桂系联合四川、云南、广东等各方面实力派，敦促和拥护蒋介石一同抗战。张云逸按照毛泽东的指示，与桂系商谈了实现抗战的具体步骤，取得了很好的效果。李宗仁、白崇禧应蒋介石电约到庐山共商抗战事宜，并说服云南的龙云、四川的刘湘接受蒋介石的任命。8月初，李宗仁又介绍张云逸到广东与余汉谋会谈合作抗日问题。此后，桂系积极征兵，一个月内征集新兵10万。10月，广西军队即开赴前线抗日，中国共产党对国民党桂系统战工作的成功，对促进全国第二次国共合作的形成，起到了积极的作用。

在抗日战争发展的过程中，中国共产党一直把桂系作为重要的统战对象。1938年11月，经周恩来与白崇禧商定，在桂林成立了八路军办事处。1939年春夏间，为了巩固抗日阵线，反对投降逆流，周恩来、叶剑英等亲自到广西做桂系的工作，并指示中共广西地方组织要缩小目标，深入下层开展抗日救亡活动。在桂系受蒋介石拉拢并参加反共活动后，毛泽东指示桂林八路军办事处做白崇禧和黄旭初（时任广西省主席）的工作，不要上蒋介石投降反共的当。1940年11月，中共中央书记处在《对桂系的政策》中指出，要认识桂系反共根源，找出争取桂系的可能条件及研究分化桂系的方法，这是"当前严重的策略任务之一"。1941年春,蒋介石发动皖南事变,这是第二次反共高潮的顶点。桂系的白崇禧、李品仙也是重要帮凶。当时,中共中央分析了桂系既受蒋介石拉拢又怕被蒋介石吃掉的矛盾心态,仍把桂系当作中间力量,对它采取一打一拉、又打又拉的政策。在中共提出的惩办皖南事变的祸首名单中,没有点白崇禧、李品仙的名字。皖南事变以后,桂林"八办"被迫撤销,为了做好桂系上层和文化界的工作,中共中央南方局又于1941年6月在桂林设立了中共桂林统战工作委员会,通过各种关系,与桂系上层人物联系。至1944年夏,该委员会工作才结束。

抗日战争时期,在毛泽东的亲自指导下,中国共产党对国民党桂系的统战工作取得了显著的成绩。这不仅对推动全国抗战有着重要意义,同时,对广西抗日救亡运动的发展也起到了促进作用。中国共产党利用桂系在一定时期里表现出的"开明"姿态,在广西省会桂林,组织从前方撤退到桂林的一批从事文化工作的共产党员和一大批进步文化人士,开展了轰轰烈烈的抗日救亡运动和新民主主义文化运动。从1938年冬至1944年9月,桂林成了闻名中外的抗日文化城。中共广西地方组织,虽然处在国民党桂系集团的不断打击、压迫之下,仍然遵照桂林"八办"(对内是中共中央南方局桂林办事处)的指示,利用统战关系,在国民党桂系组织的学生军、战工团等团体中积极开展抗日救亡活动。在日军入侵广西以后,广西党组织又利用统战关系,推动建立了各种形式的抗日武装队伍,进行抗日武装斗争,为中华民族解放事业,作出了自己的贡献。

(吴忠才)

宽宏大度　仁至义尽

——1949年国共和谈时毛主席对桂系的争取工作

　　1948年9月至1949年1月，人民解放军接连取得辽沈、淮海、平津三大战役的胜利，蒋家王朝摇摇欲坠。蒋介石内外交困，被迫于1949年1月21日宣告"引退"，由李宗仁代行总统职务。23日，李宗仁即派刘仲华、黄启汉到北平，和叶剑英等同志接触，探听中共对和谈的意向。27日，李宗仁致电毛泽东，承认"以贵方所提出的'八项条件'作为和谈的基础"。28日，毛主席在《中共发言人关于命令国民党反动派政府重新逮捕前日本侵华军总司令冈村宁次和逮捕国民党内战罪犯的谈话》中，列出最主要的战犯为蒋介石、宋子文、陈诚、何应钦等15人，没有点原排在第一批43名头等战犯第2位的李宗仁和第4位的白崇禧，以便争取他们投靠人民，立功自赎。2月15日，毛主席在《四分五裂的反动派为什么还要空喊"全面和平"？》一文中曾指出："李宗仁在石头城上所能看见的东西，就只剩下了'天低吴楚，眼空无物'"。暗喻李宗仁无法摆脱蒋介石的幕后操纵，根本不可能实现"全面的和平"，应该依靠自己所掌握的力量，实现局部和平。

　　3月初，李宗仁、白崇禧派抗战初期曾赴延安和毛主席商谈合作抗日的刘仲容从汉口秘密前往北平。3月下旬，毛主席在香山双清别墅单独接见刘仲容，向他详细了解李宗仁、白崇禧的动向和要求。刘谈到白崇禧自恃重兵在握并有海空军优势，要求"划江而治"，以图保住江南半壁江山。毛泽东严正指出："白崇禧要我们不过江，这是办不到的。"还说，我们能用于渡江作战的解放军不是60万，而是100万；另外还有100万民兵，等到我们过了江，江南的广大人民都拥护我们，到那时候共产党的力量就更强大了，这是白崇禧没有估计到的吧。当时，桂系的一部分军队在安庆陷于人民解放军的重围，并有1个团在武汉附近的下花园被解放军缴械。白崇禧要求解放军解围。毛主席宽宏大度，当即答应可以放松包围，并将在下花园所缴的武器"如数奉还"。

4月1日，以张治中为首的南京政府和谈代表团到达北平。6名代表中黄绍竑原是桂系的头面人物，刘斐是李、白多年袍泽，彼此交往甚深。毛主席专门接见了黄、刘，勉励他们为实现国内和平而努力。

随后，毛主席又单独和刘仲容谈话，要他回南京一趟，做李、白的工作，争取他们向人民靠拢。毛主席要刘转告李、白：桂系部队只要不出击，我们也不动他，等到将来再具体商谈。关于国家统一问题，国共双方正式商谈时，如果李宗仁出席，我也出席；如果李宗仁不愿来，由何应钦或白崇禧当代表也可以，中共方面则派周恩来、叶剑英、董必武参加。现在双方已经开始谈判，美国和蒋介石反动派是不甘心的，他们一定会插手破坏，希望李、白要拿定主意，不要上当。白崇禧是喜欢带兵的，他的桂系部队只不过十来万人，将来和谈成功，我们可以请他继续带兵，指挥30万大军，人尽其才。我们大军过江以后，如果他感到孤立，也可以退到长沙再看情况；又不行，他们可以退到广西嘛！我们来一个"君子协定"，只要他不出击，我们3年不进广西，好不好？毛主席语重心长地说："你看，我们是不是煞费苦心哪？这样做，不是我们没有力量打败他们，而是让人民少受点损失。"刘仲容感动地说："毛主席这样安排，对他们是仁至义尽了。"

同日，周恩来在北平六国饭店接见黄启汉，请他回南京，向李、白转告中共中央和毛主席的意见，并具体指出：如和谈破裂，人民解放军渡江时，白崇禧在武汉的部队先撤到花园口以南一线，在安徽的部队撤出安庆，避免直接冲突；李宗仁不要离开南京。周恩来从李的安全着想，建议李调桂系的1个师进驻南京保护。万一受蒋军攻击，只要守住一天，解放军就可以到来支援。李济深嘱黄转告李、白，务必当机立断，向人民靠拢。将来组织联合政府，毛主席和其他民主党派负责人，都愿支持李宗仁担任副主席。邵力子对黄说：我认定蒋介石为首的死硬派是没有希望的，只有希望桂系在武汉、南京、广西，局部接受和平解放。

黄启汉、刘仲容返回南京后，向李、白转达了毛泽东、周恩来的意见。李宗仁忧心忡忡，默不作声。白崇禧坚持"划江而治"，一再说："他们一定要过江，仗非打下去不可"。4月12日，刘仲容再赴北平，向毛泽东汇报了李、白的态度，说李宗仁还有争取的可能性。毛泽东叫刘转告李：如和谈破裂，希望李宗仁在解放军渡江时，不要离开南京。如果认为南京不安全，他可以飞到北平来，共产党会以贵宾款待他，那时和谈仍可以继续进行。

当时，李宗仁对惩办战犯一项多有疑虑，于4月7日致电毛泽东："凡所谓历史错误足以妨碍和平如所谓战犯者，纵有汤镬之刑，宗仁一身欣然受之而不辞。"翌日，毛主席复电："贵方既然同意以八项条件为谈判基础，则根据此八项原则以求具体实现，自不难获得正确之解决。战犯问题，亦是如此，总以是否有利于中国人民解放事业之推进，是否有利于用和平方法解决国内问题为标准。"表明这个问题是有转圜余地的，共产党提出惩办战犯，目的在于促使他们幡然醒悟。

4月16日，南京政府代表团派黄绍竑、屈武携《国内和平协定》（最后修正案）返南京请示。为争取桂系，经毛主席同意，中共方面释放了1947年在山东莱芜战役中被俘的桂系师长、白崇禧的外甥海竞强，让他随机返南京。黄绍竑等劝说南京当局及桂系的首领李宗仁、白崇禧、黄旭初、李品仙、夏威等接受和平协定，并说，毛泽东主席对桂系的条件是非常宽大、十分有利的。但在蒋介石的操纵下，南京当局拒绝在和平协定上签字。

4月21日，毛泽东主席、朱德总司令发布《向全国进军的命令》，人民解放军百万雄师发起渡江战役。毛主席、朱总司令对李宗仁还寄予希望，在《命令》中指出："在人民解放军包围南京之后，如果南京李宗仁政府尚未逃散，并愿意于国内和平协定上签字，我们愿意再一次给该政府以签字的机会。"奈何李宗仁优柔寡断，未能走上光明之途。4月23日，李宗仁自南京飞到桂林，拟在桂林组织政府。5月2日，白崇禧、居正、阎锡山等飞往桂林"促驾"。8日，李宗仁飞往广州"主持大计"，随即发表谈话，表示"戡乱"到底。

尽管如此，中共中央和毛主席仍不遗余力，对桂系进行争取工作。6月13日，刘斐受托从香港回广州，劝说李、白认清大势，和平解决西南问题。10月初，黄启汉自北京到香港，托张任民、韦永成致电白崇禧："北京对广西还留有余地，应请进行妥协。"但李、白仍未醒悟。李宗仁于11月中旬自南宁飞往香港转赴美国，白崇禧竟率部与我军对抗，落得个全军覆灭的下场。中共华南分局根据党中央的指示，帮助黄绍竑、刘斐、李任仁等赴北平，为建设新中国效力。黄绍竑在北上的海轮上填了一首《木兰花》，最后两句是"海天明月最关情，深夜照人明里去"。抒发他对中国共产党、毛主席感激之情。1965年7月，李宗仁自海外返回祖国。他回首这段往事，感慨万分地说："1949年我未能接受和谈协议，至今犹感愧疚。"

（江虹）

计赚白崇禧

——毛主席在广西战役中的英明决策

白崇禧1911年便投身军旅，长于用兵，老谋深算，人称"小诸葛"。1949年4月，人民解放军占领南京后，白崇禧为保存实力，极力避免与解放军决战。5月中旬，人民解放军第四野战军自汉口以东的团风、武穴地区横渡长江，白部不战而退，窜入鄂西、湘中、赣东北布防。7月上旬，解放军发起宜（昌）沙（市）、湘赣战役，白崇禧虚晃一枪，即令全军撤往湘南，解放军只歼其4000余人。

当时，白崇禧任华中军政长官公署长官，所部尚有20多万人，是国民党残存的两个战斗力较强的重兵集团之一（另一个是胡宗南集团）。为全歼白崇禧集团，毛主席运筹帷幄，制定了远距离包围迂回的作战方针。7月16日，毛主席致电林彪、刘伯承等，指出："白匪本钱小，极机灵，非万不得已决不会和我作战。"和白部作战，"应采远距离包围迂回方法方能掌握主动，即完全不理白部的临时部署，而远远地超过他，占领他的后方，迫其最后不得不和我作战。""你们应准备把白部的十万人（按：指桂系部队。加上当时受白指挥的蒋系、滇系部队共20余万人）引至广西桂林、南宁、柳州等处而歼灭之，甚至还要准备追至昆明歼灭之"。对敌军实行一二千公里的远距离包围迂回的战法在我军战史上尚属首次。这是毛泽东军事思想在新形势下的发展。

9月初，白崇禧调兵遣将，摆出在湘南与我军决战的架势。毛主席洞若观火，于9月8日致电叶剑英、陈赓、林彪等，指出："白崇禧必然不战而向广西撤退（他决不会在湖南境内和我决战，所布疑阵是为迟滞我军前进之目的）。我陈、邓两兵团应争取于10月下半月占领广州，陈兵团预计11月进至梧州区域。四野主力则于同时进至柳州、桂林区域。12月即可深入广西，寻找白部作战。"毛主席悉心研究战略追击阶段的新形势，于9月12日致电邓小平、林彪等，强调指出："我对白崇禧及西南各敌均取大迂回动作，插至敌后，先完成包围，然后再回打之方针。"

为迫使白崇禧集团步步入瓮，毛主席于10月12日、13日、17日、31日、11月9日，接连致电林彪、陈赓、刘伯承、邓小平等，一再叮嘱："如查明广州一带之敌向广西逃窜时，陈赓兵团即不停留地跟踪入桂"，"务不使粤敌逃入广西"；"二野五兵团请令其速向贵州前进，并令十八军先出贵阳"，使之不能向贵州退却；"陈赓、程子华须同时向柳州、南宁动作"，方能完成围歼白部任务，"白崇禧部在无法逃往云、贵时，将逃往越南"，因此，我四兵团应着重切断其退越南的道路。毛主席的神机妙算，已把白部的退路堵死。白崇禧这个"中国境内第一个狡猾阴险的军阀"，无论如何诡谲奸诈，也难以摆脱毛主席为他设下的天罗地网。

11月中旬，解放军发现白部主力南移，有经雷州半岛逃窜琼崖的迹象。为了使白部乖乖就歼，毛主席又小施韬略，电令十五兵团主力"不要进攻雷州半岛，更不要攻海南岛"，第四兵团和第十五兵团第四十三军不再进入广西，而是偃旗息鼓，秘密进入广东廉江、化县、信宜一线，构筑阵地，待白部来攻。第十二兵团（共三个军）沿湘桂铁路和龙虎关向桂北、桂东进击，逼白部决心南下。第十三兵团（仅两个军）则大张声势，尾追敌第十七兵团进入桂西北，造成白崇禧判断我军主力在西线，主要防止其入云贵的错觉。"小诸葛"自命不凡，认为我南线兵力单薄，遂组织"南线攻势"，以其主力第三兵团和第十一兵团为先导，第十、第一兵团为后继，倾全力抢占雷州半岛。

南线截击即将开始之际，林彪对白崇禧集团的战斗力估计过高，认为解放军的四个军难以同时战胜白部的五个军，要第四兵团以一个军牵制第三兵团，以三个军首先围歼战斗力较弱的敌第十一兵团。毛主席断定白部已是惊弓之鸟，不足为虑，接受了陈赓关于先歼敌主力第三兵团的建议，于11月24日致电林彪、陈赓，指出："这是歼灭该敌的好机会"，令陈赓兵团全力"即在廉江、化县、茂名、信宜一线布防，……待敌来攻而歼灭之"，"桂林方面之我军迅速分数路南下，攻敌侧背"，"程子华兵团即应分数路宽正面，第一步向百色、南宁之线，第二步向龙州、南宁之线"，以期尽歼逃敌于国境线上。

毛主席的英明决策，大大鼓舞了广大指战员的胜利信心。11月27日，白部开始了他的"南线攻势"，以其主力第三兵团发动猛烈进攻，解放军第四兵团顽强抗击，敌锐气顿挫。当天下午，第四兵团即全线反击，敌迅速溃退，各路解放军紧追不舍。第四十三军"大胆穿插，单独作战"，锐不可当。28日下午攻克容县，当晚攻克北流，歼敌第十一兵团部和五十八军大部，击毙其兵团副司令胡若愚。29日进占玉林。30日晚，四十三军的两个团逼近博白县城，即以敢于"虎口拔牙"的大无畏气概，向敌第三兵团部发起攻击。当时，自诩中国只有他和毛泽东深谙易经的华中军政长官公署副长官兼第三兵团司令官张淦，断定我军尚在数百里外，至少3天才能到达博白，还在用罗盘卜算吉凶，可一下子便当了解放军的俘虏。

这时，白崇禧急令第三、第十一兵团残部和其他兵力火速向钦县方向撤退，妄图经龙门港海运海南岛。已经在12月2日从南宁飞逃到海南岛的白崇禧还乘军舰亲往龙门指挥，想接走其部队。各路解放大军昼夜兼程追击，有的部队一天前进100多公里，终于在钦县、防城、合浦、上思、宁明、明江、思乐一带将敌人大部歼灭，白崇禧的接兵打算落空了。12月11日，解放军占领中越边境要隘镇南关（今友谊关），标志着广西战役结束，宣告广西解放。广西各族人民获得了新生。

在广西战役中，英勇善战的南下野战军在中共广西地下党、游击队的大力支援、配合下，仅以35天时间便歼灭白崇禧集团17.3万人。白崇禧于12月30日从海口乘飞机逃往台湾。在广西战役中侥幸逃脱的白部第一兵团司令官黄杰在其所写的《海外羁情》中，哀叹白崇禧决定向南行动是个失着，结果"损失了几十万能征惯战的精锐部队"。他的话从反面证明，毛主席诱迫白崇禧在粤、桂南部地区与解放军决战，这步棋是天衣无缝的妙着。

（江虹）

毛主席和李济深[①]

暮春时节,巍峨的太行山泛出点点春绿。蜿蜒曲折的胭脂河欢快地奔腾着向东流去。

距河北省阜平县城南30里处,层层叠叠的山峦中,坐落着城南庄。这是晋察冀边区政府与晋察冀军区司令部所在地。

1948年4月13日,黄昏时分,一队快马疾驰而来,向军区司令员聂荣臻报告:毛泽东主席、周恩来副主席率中央机关即刻就到。

城南庄外,毛泽东、周恩来等中央领导同志与前来迎接的聂荣臻等同志见面了。久别重逢,一片欢快气氛。

4月30日,中共中央从城南庄向全国发出第一个文告《五一劳动节口号》。

多达23条的《五一劳动节口号》把中国共产党对时局的分析、判断以及自己的政治主张公告天下。它犹如4月的春雷,在天空、大地震荡。

5月5日,民革中央主席李济深等和民盟中央、民进中央、致公

---

① 李济深(1886—1959),广西苍梧(今梧州市龙圩区)人。北伐时曾任国民革命军总司令部参谋长、黄埔军校副校长。1933年联合十九路军在福建组织反蒋抗日的"中华共和国人民革命政府"。1948年发起成立中国国民党革命委员会,任主席。新中国成立后,历任国家副主席、全国人大常委会副委员长、政协副主席。1959年在北京病逝。

党、农工民主党、中国人民救国会、中国国民党民主促进会负责人和在香港的无党派民主人士，联合致电毛泽东，痛斥蒋介石"窃权卖国，史无前例"，认为"五一号召""适合于人民时势之要求，尤符合同人等之本旨"，他们还通电海内外各团体和全国同胞，呼吁公开响应中共中央的号召。

5月1日，城南庄的夜晚万籁俱寂。村东的一个院落里，灯火悠悠。

毛泽东伏案疾书。他正以个人名义，致函民革中央主席李济深、民盟中央常委沈钧儒。信中写道：

在目前形势下，召集人民代表大会，成立民主联合政府，加强各民主党派、各人民团体的相互合作，并拟订民主联合政府的施政纲领，业已成为必要，时机亦已成熟。国内广大民主人士业已有了此种要求，想二兄必有同感。但欲实现这一步骤，必须先邀集各民主党派、各人民团体的代表开一个会议。

此项会议似宜定名为政治协商会议。一切反美帝反蒋党的民主党派，人民团体，均可派代表参加，不属于各民主党派各人民团体的反美帝反蒋党的某些社会贤达，亦可被邀参加此项会议。此项会议的决定，必须求得到会各主要民主党派及各人民团体的共同一致，并尽可能求得全体一致。会议的地点，提议在哈尔滨。会议的时间，提议在今年秋季。并提议由中国国民党革命委员会、中国民主同盟中央执行委员会、中国共产党中央委员会于本月内发表三党联合声明，以为号召。此项联合声明，弟已拟了一个草案，另件奉陈。以上诸点是否适当，敬请二兄详加考虑，予以指教。三党联合声明内各文字是否适当，抑或不限于三党，加入其他民主党派及重要人民团体联署发表，究以何者适宜，统祈赐示。

7月底，毛泽东收到了李济深等人的回信，对他5月1日提出召开政治协商会议的意见表示赞同。

毛泽东8月1日给李济深等回电：

五月五日电示，因交通阻隔，今始奉悉。诸先生赞同敝党五月一日关于召开新的政治协商会议……并热心促其实现，极为钦佩。现在革命形势日益开展，一切民主力量宜加强团结，共同奋力，以期早日消灭中国反动势力，制止美帝国主义的侵略，建立独立、自由、富强和统一的中华人民共和国。为此目的，实有召集各民主党派、各人民团体及无党派民主人士的代表们共同协商的必要。

毛泽东在电报中还就召集新的政治协商会议的时机、地点、召集者、参加者的范围，会议应讨论的问题等征求他们的意见。

不久，周恩来亲自拟定了一份名单，决定邀请李济深等77位民主人士到解放区来参加筹备新政协。

1949年1月，李济深等一行30人，从香港乘轮船赴大连，尔后到达沈阳，受到各界群众热烈欢迎。

2月1日，进入东北解放区的各民主党派、人民团体代表李济深

毛主席与李济深亲切交谈。

等 56 人致电毛泽东、朱德，庆祝人民解放战争的伟大胜利。并提出对国民党残余军事力量要"任是天涯海角，使奸犯无处潜藏，纵有羊狠狼贪，令阴谋断难实现"。第二天，毛泽东、朱德复电说："此次人民解放战争之所以胜利，是由于全国人民不畏强御，团结奋斗，各民主党派各人民团体一致奋起，相与协力，从而使人民解放军获得各方面的援助，使人民的敌人完全陷于孤立，胜负之数，因以判明。现在残敌尚存，诡谋时作。求喘息谓为求和平，待外援名曰待谈判。口诵八条，手庇战犯，眼望美国，脚向广州。欲求人民解放斗争获得胜利后，必须全国一切民主力量同德同心，再接再厉，为真正民主的和平而奋斗。"

（作者：岚叟、李丁　原载《毛泽东交往录》）

毛主席指示广西迅速肃清土匪

1950年6月，朝鲜战争爆发后，美国经常派飞机轰炸中朝边界，甚至派飞机入侵我国沿海领空，公开挑衅，作出种种威胁中国的姿态。台湾国民党也蠢蠢欲动，扬言要在美军配合下反攻大陆。国内潜伏的国民党特务分子及反动地主恶霸则乘机四出活动，与美蒋势力遥相呼应，妄图颠覆人民政权。党中央和毛主席根据当时国际国内形势判断，美国有可能借朝鲜战争的机会，配合台湾国民党势力在我国华南地区登陆，进犯广东，实施他们"反攻大陆"的阴谋。而地处沿海和毗邻广东的广西省境内匪患仍十分猖獗，这对华南地区乃至全国的安全极为不利。毛主席对广西的匪患感到十分焦虑。11月14日，他亲自电示广西省委、广西军区的领导张云逸、莫文骅、陈漫远、李天佑："为对付台湾匪帮可能向广东进犯，有增强广东兵力之必要。为此必须提前肃清广西匪患，以便从广西抽出一个军增强广东。"电报还批评广西在剿匪的领导工作中的缺点，要求广西在六个月内肃清主要匪患。16日，毛主席又致电广西省委、广西军区，要求对广西剿匪工作作一检讨并将检讨结果告诉中央，同时将西南军区剿匪简报第四期转发给广西，让广西对照学习总结经验。电报再次提出："务使全省匪患在几个月内基本解决。"

广西是解放初期全国几个重点剿匪区之一。这个时期广西的土匪，除有历史性的惯匪和反动地主恶霸武装外，还有国民党桂系逃离大陆之前有计划留下的一批武装骨干和特务分子，他们组成了成帮成伙的政治土匪，进行各种破坏活动，妄图扼杀新生的革命政权。广西省委、广西军区虽然组织了力量剿匪，但由于开始时执行政策过于宽大，对土匪首要分子没有严厉镇压，以致匪患仍然猖獗，一些地方甚至土匪越剿越多，人民群众和政府机构受害极大。特别是朝鲜战争爆发以后，广西境内土匪数量剧增，反革命气焰十分嚣张。剿灭匪患不单是广西一个省的军事问题，而是牵涉到国家安全，并与国际形势紧密相关的一场严重的阶级斗争和政治斗争。正是基于这种考虑，毛主席才接连致电敦促广西尽快完成剿匪任务。

广西省委、广西军区领导接到毛主席的电报后，即召开省委常委会议贯彻落实。1950年11月20日，张云逸、陈漫远、莫文骅、李天佑联名复电毛主席，检查过去剿匪中存在的错误偏向，承担了领导责任，并汇报说，经过整风，目前已基本克服过去的偏向，同时汇报了1950年冬重点进剿的作战计划。

毛主席接到广西的电报后，于11月22日再电张云逸、陈漫远、莫文骅、李天佑，肯定广西的检查和计划，希望广西"本此做去，取得成绩，以利主动地应付时局"。

为加强广西剿匪工作的领导力量，毛主席还电令中共中央华南分局书记叶剑英和中南军区政治部主任陶铸二人前往广西协助领导剿匪工作。11月底，在叶剑英、陶铸的主持下召开了广西省委第3次高干会议。会议着重传达了毛主席有关加强广西剿匪的指示。同时围绕如何执行指示，定期剿灭土匪的问题展开了热烈的讨论。在总结检查过去工作的基础上重申了有关政策，统一了大家的思想认识，决定党、政、军、民、财五管齐下，展开剿匪总体战。会议确定以大小瑶山和桂南为全省重点剿匪区。

会后，广西军区即组成了以李天佑副司令领导的剿匪前线指挥部开赴瑶山地区,桂南则以四十五军为剿匪主力部队均集中优势兵力,对重点地区进剿,并迅速取得了重大胜利从根本上扭转了剿匪的被动局面。胜利的消息传到北京,毛主席十分高兴,1951年1月2日,致电表扬广西军区领导:"你们过去几个月剿匪工作有很大成绩,甚慰。"同月23日,毛主席又在给全国各大军区党委会的指示电文中,着重表扬广西在剿匪、镇压反革命中取得的成绩,"三个月中,正确的杀了匪首、惯匪及其他首要反动分子3000余人,情况就完全改变过来,匪焰大降,民意大伸。"

毛主席关于广西剿匪工作的两份电报手稿。
(上为1950年11月22日写,下为1951年1月2日写)

1951年春，广西剿匪取得节节胜利。4月底，全省基本肃清股匪，如期完成毛主席交给的5月1日前基本肃清全省股匪的艰巨任务。5月1日，广西军区将胜利的消息报告毛主席。毛主席对广西完成剿匪任务表示满意。5月16日，再次致电广西军区领导："甚慰，尚望鼓励剿匪部队继续进剿，歼灭一切残匪。"

毛主席对广西剿匪工作的指示，体现了他对广西各族人民的关怀，体现了他全局在胸的战略远见和实事求是的精神。

（樊东方）

"山沟里的少数民族出人才"

——毛主席关心韦国清等几位壮族领导同志

一代伟人毛泽东在长期的革命斗争和社会主义建设中,一贯重视培养和关心爱护少数民族干部,使他们通过实践,成为革命斗争的中坚、安邦治国的栋梁。这里介绍的是他关心广西几位壮族领导同志的二三事。

出生于广西东兰县一个壮族贫苦农民家庭的韦国清同志,从一个15岁的农民自卫军小战士逐渐成长为解放军的著名将领,并成为党和国家领导人,这是中国共产党和毛泽东精心培育的结果。

新中国成立初期,越南的抗法斗争正处于最艰难时期。胡志明主席秘密访华,多次请求中国援助越南抗法战争。毛主席等中央领导同志决定派出以韦国清为首的军事顾问团赴越援助。1950年6月27日,毛主席等中央领导同志接见援越军事顾问团的部分同志。毛主席对大家讲述了援越抗法的国际意义和艰巨任务后,对韦国清说:"中央原先要你去英国当大使,后来考虑你当军事顾问更适合些。你在红军学校学习、工作过嘛,又打了20年的仗。这次到越南去协助他们打仗,无非是运用我们过去打的游击战、运动战、歼灭战。不过,最重要的是要结合越南国情、军情,制定正确的战略战术,战无定法嘛!"韦国清连连点头说:"主席,您放心,我们照着您的指示做,为我们党、我们国家争光。"

韦国清率团到越南后,与顾问团的同志一起,深入前线,进行调查研究,认真分析敌我双方情况,协助越军调整部署整顿部队,先后组织了东北、西北、上寮等战役。在取得了越北战场的主动权后,又在1954年4月间,同胡志明亲临前线,组织发动了举世震惊的奠边府战役,一举开灭侵越法军1.6万余人,解放了越南北方的大部国土,为日内瓦会议达成和平解决印支问题的协议奠定了基础。

1956年,韦国清回国后,国防部长彭德怀高高兴兴地带他去见毛主席。毛主席慈祥地打量了韦国清一下,然后说:"我说过山沟里出马列主义,现在我要说,住在山沟里的少数民族出人才。"不久,韦国清就被委派担任广西省省长、省委书记处书记的职务。从此,韦国清在新的工作岗位上边学边干,虚心向长期搞经济工作的同志学习,向人民群众学习,为广西建设事业作出了重要贡献。

1958年1月,中央在南宁召开中央工作会议,毛泽东住在明园饭店一号楼,韦国清常去看望和请示工作。一天,在谈到广西建设时,韦国清说:"我们广西工业基础太薄弱了,打算在这个五年计划内,搞三大项目建设:西津水电站、柳州钢铁厂、柳州化肥厂。"毛主席说:"电力、钢铁、化肥,这些都是工农业发展的基础,要抓紧上马。"并交代李富春副总理全力协助广西具体落实这三个项目的建设规划。韦国清很快组织并亲率有关人员到北京、上海、鞍钢等地实地考察,引进技术和人才,筹备材料,克服了种种困难,终于完成了三大项目的建设,为进一步发展广西经济打下基础。

1966年,"文化大革命"发生后,广西和全国一样出现了"打倒一切,全面内战"的局面,党政领导机关陷入瘫痪状态。韦国清也被群众组织揪斗冲击。为了韦国清的安全,中央派飞机把他秘密接到北京。1967年5月,中央接见广西群众组织代表时,周总理说:"最近毛主席在接见越南代表团时,越南同志询问韦国清的情况,主席对他们说,韦国清是个好同志、好党员，请你们放心！"群众组织的代表听了周总理传达毛主席的话后，都表示拥护韦国清同志。

1969年4月，党的九大在北京召开，韦国清和兰州军区政委、中共甘肃省委第一书记冼恒汉当选为中央委员，福州军区空军政委韦祖珍当选为候补中央委员，三人都是广西籍壮族干部。会议期间，毛泽东把这三位同志叫到一起，笑着对他们说："给你们三个广西佬见见面，你们一个在中南，一个在西北，一个在海边，好像都不认识吧！你们是少数民族，要搞好民族大团结，共同努力。"韦国清从北京回到广西后，对覃应机等几位壮族领导干部说："毛主席时刻都在关心我们少数民族干部的成长，我们要勤奋学习，努力工作，把广西建设搞上去，这样，才不辜负毛主席对我们的期望。"

（韦秀康、娄剑琴）

难忘的教诲

在大半辈子的革命斗争生涯中,我有幸多次随毛主席一起工作、战斗,直接聆听他的教导,受益匪浅。几十年来,尽管岁月流逝,几经沧桑,但毛主席的谆谆教诲,却清晰地萦绕在我的脑际。下面回忆的是其中几个片段。

为了提高干部战士的文化和理论素质

1936年春,我在西北红军大学担任政治部主任。毛主席对红军战士、干部的培养工作非常关心,经常过问学校的办学情况。当时,我们学校设在瓦窑堡山坡上,下侧就是毛主席住的窑洞,离我住得很近。毛主席经常找我谈学校的学习和工作情况,谈党的政治路线、方针和政策。

有一天,毛主席叫我到他的窑洞里,谈有关学校招收学员和办学方针问题,旁边站着一位身体壮实的青年战士,他指着这位战士说:"他叫陈昌奉,是我的警卫员,已跟我五六年了,长期没有得到很好的学习机会。现在,我们的根据地一天天扩大,各种工作都需要干部,我想把他送到你们的学校里系统学习。"

我点头回答说："欢迎，欢迎！"

毛主席还交代我，要帮助陈昌奉同志识字、学文化。他说："对红军干部、战士的培养，首先要提高他们的文化水平，不识字的从识字开始。"

我们根据毛主席的指示，制订出一个教育计划，呈送给毛主席。毛主席立即给我校写了批复信："文化教育（识字、作文、看书报能力的培养），是整个教育计划中的最重要最根本的部分之一"。

过了几天，陈昌奉带着毛主席送给他的两个本子和两支铅笔等用具，来到学校报到。我把他编入了文化较低的一班，并指定专人帮助他识字。他也刻苦学习，进步很快。学了40多天，因工作需要，被调到西北保卫局工作。他到保卫局后，已经能够当小老师，开始教保卫队战士学文化了。

由于我们把文化教育当作一项重要教学内容来抓，使学员文化水平提高较快。

毛主席对我本人的学习也很关心。我在延安担任八路军留守兵团政治部主任时，毛主席曾亲自组织了1938年的克劳塞维茨《战争论》研究会和1939年的哲学问题研究会。我有幸被毛主席吸收参加这两个研究会。这两个研究会成员均有十几个人，采取先听后介绍、自学为主、定期讨论的方法，每周有一个晚上（从七八点钟到十一点多钟）讨论。讨论时，有时先由一个人讲，然后大家讨论；有时边读边议，最后由毛主席作小结。当时，延安只有一本《战争论》，作者克劳塞维茨是普鲁士资产阶级军事理论家和历史家，译本是文言文，很不好懂。后由何思敬同志从德文原版译出，译一章，介绍一章，讨论一章。记得讨论最多的是集中兵力问题。毛主席在学习讨论时，特别欣赏"战争无非是国家政治通过另一种手段的继续"等论述。他还说："克劳塞维茨当过团参谋长，不大会打仗，无多少战功，但集中兵力问题讲得好，拿破仑用兵，重要的一条也是集中兵力。"毛主席还列举秦始皇先后派李信和王翦领兵灭楚一败一胜的故事来说明这个问题。那时，我已近30岁，对军事理论懂得不多，开始只是跟着学，后经毛主席等人的辅导，对军事辩证法和战略问题有了进一步的理解，并甚感兴趣。

《战争论》研究会结束那天晚上，夜已很深了，毛主席诙谐地说："有人说我毛某，一毛不拔。今晚，我要拔出一根毛，请你们吃一餐宵夜。"他真的请我们吃了顿夜餐，我们也不客气地吃了起来，虽然没有酒，但心里比喝了茅台还痛快。

"我们的伟大事业"

1937年七七事变后，延安已成为全国抗日的中心、革命的圣地。它以其特有的魅力，越来越吸引全国革命青年的关注和向往。成千上万的热血青年，冲破重重阻挠，从祖国四面八方奔向延安，投入抗大怀抱。

当时，我正在抗大担任政治部副主任（后为主任）。随着第二期新学员的不断增加，加上学校要让出一部分校舍作为陕北公学校址，这样，校舍便越来越挤。为解决这一问题，我们号召全校教员、学员发扬艰苦奋斗的优良传统，自己动手挖窑洞。

大家立即行动，在延安城北门外的凤凰山山腰上挖起窑洞来了。我们几位校领导也参加了劳动。整个工地，热气腾腾，歌声嘹亮。当毛主席在凤凰山下看到这一情景时，高兴地说："你不要小看挖窑洞，这是挖开知识分子同工农隔开的一堵墙啊！"

经过半个多月突击奋战，终于挖成了175个新式窑洞。窑洞里建有土炕、写字台、门窗，窗棂糊上白纸，四壁粉刷白灰水，光线充足，冬暖夏凉，新学员住进去，十分满意。

接着，我们又动手修建一条3000多米的盘山公路。入夜，窑洞和公路的灯光与碧空的繁星交映，把古老的延安城点缀得更美了。

1937年11月中旬，学校举行新校舍落成典礼。毛主席先托人送来他手书的"我们的伟大事业"的横匾，还亲自来参加这次大会。会上，他鼓励大家说："你们在这一伟大的事业中获得成功的原因，把它总起来说，就是有克服困难与联系群众的精神，只要你们努力把它继续发扬光大，驱逐日本侵略者出中国是完全可能的。"毛主席的话使大家深受鼓舞和教育。

从1939年春起，国民党对陕甘宁边区实行经济封锁政策，给边区造成极大困难。这时，我已从抗大调到八路军留守兵团工作。1940年，我们召开一次团以上干部会议，商讨解决边区根据地的经济困难问题。会后，大家要求去见毛主席。我们兵团几位领导都去了。大家到了毛主席住处，碰上主席正在午休，便在门口等了一会。毛主席起来后，就让我们进去，同我们谈起来。他听了我们关于部队物质生活的种种困难情况汇报后说："怎么办？困难是日本侵略者和国民党顽固派给我们造成的。解决的办法有两个：一个是把部队解散，各自回家；一个是自己动手搞生产。我看还是自己搞生产好。自己动手，自力更生嘛！"

毛主席给我们指出了唯一可行的出路。于是各部队以及陕甘宁边区机关都搞起大生产运动。开始还只是开荒种粮、种菜，后来生产规模和范围越来越大，不仅种粮、种菜，还饲养牲畜、开小作坊、小工场、纺纱织布、上山伐木烧炭或烧石灰、造纸等。一段时间后，各部队都做到了粮、油、肉、菜自给或半自给，基本达到"丰衣足食"的目的。这可说是抗大的那种"伟大事业"精神的发扬光大，也就是延安精神吧！

民管军是好事

八路军留守兵团建立后，在剿匪御敌、保卫边区和生产运动中作出了贡献，军政、军民关系是比较密切的。边区人民对子弟兵的支援也是尽了最大力量的。

但是，在相对安定的环境下长期驻军，又是在国民党反动派对边区实行经济封锁的情况下，特别部队停发军饷后，生活上出现了一些新的不便，党、政、军、民之间难免产生一些小矛盾。如在部队搞生产中，曾发生一些与民争利，甚至违犯地方政策法令等问题。有些部队干部只强调自己的困难和需要，不体谅政府和群众的困难和需要，因而袒护自己的缺点，使部队一些不良现象得不到及时纠正。加上敌人造谣破坏，制造事端，嫁祸于我。于是军民矛盾突出了。

党中央、毛主席对此问题非常重视。毛主席亲自做协调党政、军民关系工作，反复强调在困难时期要特别搞好军政、军民关系。

1939年冬，我到驻永坪的警备四团检查工作。团长陈先瑞向我汇报说，有些战士去借老百姓的锅头做饭，老百姓不肯借。有一位炊事班长去群众家里做饭，老乡却把烟囱堵起来。我听后便给边区副主席高自立同志打了一个电报，反映以上情况，请边区政府多给予支持和帮助。

我回到延安不久，突然有一天，毛主席叫我到他那里去。一进门，见到有毛主席、朱总司令、任弼时、李富春、萧劲光、林伯渠、高自立等同志在，还有西北局书记高岗。看样子，他们是在开会中间临时叫我去的。毛主席见我就严厉批评说："莫文骅，你们军民关系搞不好，自己不检讨，还向中央告状！"我连忙作检讨并说明没有告状。毛主席听后说："莫文骅已经检讨了，你们地方同志也要检讨嘛！"又说：“军队要拥护政府，爱护人民，地方的同志要拥护军队，照顾子弟兵！”大家不再吭声了，我便退出来。事后了解，我发给高自立同志的那份电报，是萧劲光同志批送给中央领导同志的。朱总司令阅后批评了边区政府。高岗不服，向毛主席提出此事。我从此事中认识到，自己虽没有向中央告状，但遇到军政、军民间发生矛盾时，应该首先检讨自己，作自我批评，不要光向地方要求什么的，这才有利于矛盾的解决。

1940 年秋，毛主席在杨家岭接见留守兵团团部领导同志和各部门负责人。毛主席说：“今天召开这个座谈会，是请各路诸侯来谈军民关系问题。”座谈中，有的同志埋怨群众态度不好，说群众动不动就要拉部队同志去找毛主席评理。毛主席听后耐心开导我们说：“开天辟地以来，只有军管民，老百姓见了军队就跑。现在是老百姓敢批评军队，这是大好事。你们懂历史，从古到今，哪有老百姓敢批评军队的？你们说说看，是不是这样？如今变成民管军，这该多好呀！军队有广大群众当老师，你们做军队工作的才不会犯大的错误，才能打胜仗，边区才有希望！”

毛主席的这一席话，说得我们豁然开朗，心悦诚服。会后，兵团采取各种方式广泛开展拥政爱民活动。

1942 年 1 月 23 日，毛主席亲笔写信给总政治部副主任谭政同志和我，要求留守兵团结合部队建设和拥政爱民活动，认真学好古田会议决议。信的全文如下：

谭　政
莫文骅　二同志：

将四军九次大会决议多印数千份，发至留守部队及晋西北部队，发至连长为止，每人一本，并发一通知，叫他们当作课材加以熟读（各级干部均须熟读）。

毛泽东
一月二十三日

我们感到这封信的分量不轻,立即开会进行研究部署,表示坚决执行毛主席这一重要指示,并用萧劲光和我的名义训令部队执行。通过学习古田会议决议,使广大指战员进一步明确我军的性质、宗旨和任务,划清了人民军队和剥削阶级军队的界限,明确处理军政、军民关系的正确态度和原则,自觉地把军队放在全心全意为人民服务和接受人民群众监督的位置上。这不仅促进了军政、军民团结,而且促进了部队的思想建设,部队面貌焕然一新。

1956年12月毛主席与莫文骅在一起。

可以说,我在漫长的革命征途中,思想上的一些进步都与毛主席的亲切教导分不开的。追念以往,更令老骥奋进不懈!

(作者:莫文骅,广西南宁市人,中国人民解放军中将,原装甲兵政委。)

"你的主张总的说是走改良主义的路，不是革命的路"

我第一次到延安见毛泽东，是在1938年1月，见面时，主席说，梁先生，我民国七年（1918年）在北京大学就见过您，那时您是老师，我是小小图书馆管理员。您常来杨怀中先生家串门，总是我开的门，还记得吧？主席的记忆力使我吃惊。

在延安，我与毛泽东第一次谈话自下午6点至第二天凌晨，这一次谈话，主要是抗战前途问题。我先讲，坦率地谈到我的失望，我的悲观，到延安是讨教来的。中国前途如何？中华民族会亡吗？毛泽东十分耐心地听着，不打断我的话，抽烟、喝水。等我说完后，他露出了笑容，十分果断，斩钉截铁地说："中国的前途大可不必悲观，应该非常乐观！最终中国必胜，日本必败，只能是这个结局，别的可能没有！"时隔近半个世纪，毛泽东在谈话的一开头语气这样肯定，神态这样坚决，我至今记忆犹新。接着他分析了国内，国外，敌、我、友三方力量的对比，强弱的转化，战争的性质，人民的力量，等等，最终又回到中国必胜、日本必败的光明结局上。他说得头头是道，入情入理，使我很是佩服。可以这样说，几年来对于抗战必胜，以至如何抗日，怎样发展，还没有人对我做过这样使我信服的谈话，也没有看到过这样的文章。蒋介石的讲话、文告我听过、看过多次，个别交谈也有若干次了，都没有像这一次毛泽东那样有这么大的吸引力和说服力。我说这些，毫不带主观上的随意褒贬，而是历史事实。毛泽东这次同我谈的"中国必胜、日本必败"的观点，即是不久之后他写成的《论持久战》一书的主要论点。

第二次谈话也是从下午6点开始，是紧接着的，不过这一次不是谈到凌晨，而是谈到天明，一个通宵，欲罢而不能。这次谈话的内容是中国问题，亦即是如何建设一个新中国问题，我和毛泽东分歧较大。我头一天把自己新出版的几十万字的著作《乡村建设理论》送给他，第二天谈话他已看了这本书并写了一条条批语。他拿给我看，说这些话是从我的书上摘下来的。他对我说，你的著作对中国社会历史的分析有独到的见解，不少认识是对的，但你的主张总的说是走改良主义的路，不是革命的路。改良主义解决不了中国的问题，中国的社会需要彻底的革命，他十分明确地提出，现阶段的中国革命重担已落到中国共产党的身上，当然还有统一战线的扩大，武装斗争的加强，所谓革命的三大法宝吧，他都分析了。其中一个最核心的问题是阶级和阶级斗争，毛泽东是强调这点，很突出它的作用的。我们发生了争论。我说的大意是中国社会贫富贵贱上下流转流通。因此阶级分化和对立也就不鲜明、不强烈、不固定。这种情况在中国历史上延续了一两千年。所以，要社会稳定、发展，必须从"伦理本位""职业分途"出发才能达到。所谓"伦理本位"，即注重为家庭社会尽义务尽责任；所谓"职业分途"，即社会分工，人人尽责，做好本行。我讲了许多，毛泽东耐心听着，有时插话。他强调说，中国社会有其特殊性，有自己的传统，自己的文化，这都是对的，但中国社会却同样有着与西方社会共同性的一面。他说我的观点是太看重了中国社会的特殊性的一面，而忽略了共同性即一般性的一面。我则说他是太看重了一般性的一面，而忽略了最基本、最重要的特殊性的一面。两人相持不下，谁也没有说服谁。

现在回想起这场争论，使我终生难忘的是毛泽东的政治家的风貌和气度。他穿着一件皮袍子，有时踱步，有时坐下，有时在床上一躺，十分轻松自如，从容不迫。他不动气，不强辩，说话幽默，常有出人意料的妙语。明明是各不相让的争论，却使你心情舒坦，如老友交谈。他送我出门时，天已大亮。我还记得他最后说，梁先生是有心之人，我们今天的争论不必先作结论，姑且存留，听下回分解吧。

两夜长谈之后，我又到延安各处参观，在当时，延安的条件是很差的，但人们的精神面貌却与国民党地区有鲜明的差别。这就像中共领袖毛泽东给我的印象一样，是很深刻的。

1946年春我二赴延安。到延安第一天即见到毛主席，寒暄后我提出，希望包括毛在内找10位领导人，给我一个机会，陈述我个人的意见。毛泽东当即同意了。第二天果然是10个人，在一个不大的会议室里，我能记得的有张闻天、朱德、彭德怀、任弼时等，我先说了重庆的情况，由于政协会议的顺利召开，有了五项协议，局面好，大家劲头很高。接着便转到我要陈述的本意。我讲的大意是自己年轻时，也欣赏欧美式的政治制度，但集30年来对中国历史文化传统的研究，认为最迫切的事是进行经济建设，发展现代工业和农业。因此，需要的是一个强有力而专心致志搞建设的政府，而不是轮流执政，各搞各的。对国民党近20年的状况，大失所望的不仅仅是我，所有真正为国家、民族前途设想的人都不满意。在中国照搬欧美政治体制的一套，不合中国的历史、文化、传统和国情、现状。但需要一个什么样的政府？我却答不上，面对现实不知如何去实现自己的理想。我今天专门来延安在这样的场合说这番话，向各位求教，算是留个题目。

毛泽东等10位中共领导人都很耐心地听我的发言，当时我讲的要比今天回忆的长，包括中国的历史文化传统和中国社会分析，我依据自己的学习研究心得，讲了不少。在我发言时，毛泽东的习惯与上次一样，抽着烟，一会儿坐，一会儿站，更多的是在房内来回走动，但这一次他没有插话，我讲完后他也没有说什么。我现在能记得的是，在我讲到对中国的现状无可奈何，自己也不知道中国何年何月才能进行认真的经济建设时，任弼时笑着插话说，梁先生的意思是不是要蒋介石先生死了，国民党垮台了，才能进行经济建设，而现在蒋介石又没死，国民党又垮不了台，因此答不上来。我们彼此相视而笑，都没有正面答复。这是我印象最深的一段插曲。

的的确确，我那时是做梦也未曾想到，不多久蒋介石就撕毁协议，全面打内战；特别是在短短的3年之后，蒋介石国民党真的垮了台，而以毛泽东为首的中国共产党人创建了中华人民共和国，终于在中国开始了长时期的经济建设，中国人民在世界上也从此站了起来。

这次我在延安待了10天，参观了一些地方后，便匆匆返回重庆。

1950年1月中旬我离开重庆，经由武汉到达北京。沿途由四川省委统战部派专人护送我北上，在武汉还受到当时在湖北省任职、后调中共中央统战部任副部长的张执一的盛情招待。抵京后正值毛主席和周总理皆在莫斯科。3月10日主席和总理返回北京，在火车站迎接时，可能我是新近到北京的，统战部把我排在迎候队伍中民主党派、无党派人士的头一个。主席握着我的手，比别人多说了几句话。他说，梁先生，您也到了北京，我们又见面了，改日再约您长谈。还问候我的身体和家人情况。我的印象是主席和蔼可亲，如对待老朋友一样。11日公宴，我又见到主席。席间，主席还走到我们的席前，见我吃素，又不饮酒，笑着说，梁先生坚持食素，清心寡欲，一定长寿。主席当场约我，明日（12日）晚间到中南海颐年堂他的住处一聚，我深感荣幸。

大概是下午将近5点钟的样子，毛主席派来的汽车来到我当时的住处西城辟才胡同南宽街，10多分钟后便进了中南海。我进了颐年堂的第一道门，毛主席已在里边迎我了。这次谈话有林伯渠在座，他当时是中央人民政府的秘书长，也是1938年初我去延安经西安时认识，并在后来重庆旧政协会议上交往多次的熟人。但此次谈话，林老只是听，几乎没有插话。

毛主席这次谈话，一开头是寒暄，彼此问问近几年的身体、工作、家庭情况。转入正题，毛主席即问我对国事有何意见？我随口说，如今中共得了天下，上下一片欢腾。但得天下易而治天下难，这也可算是中国的古训吧。尤其是本世纪以来的中国，要长治久安，是不容易啊。毛主席摆摆手笑着说，治天下固然难，得天下也不容易啊！接着毛主席就对我说，众人拾柴火焰高，大家齐心协力，治天下也就不难了。梁先生这一次到了北京，可以参加我们政府的工作了吧？毛主席提出的这个问题可难住了我，说不同意吧，颇有清高之嫌；说同意吧，又违背我当时的真实思想。我考虑了片刻，答复说，主席，像我这样的人，如果先把我摆在政府外边，不是更好吗？我的答复显然出乎毛主席的意外，他显露出不悦之色。但并未形成僵局，很快又东南西北、古今中外地扯了起来。到了开饭时间，主席传话开晚饭，我忙说，我是食素的，有一两样菜就行了，但你们吃什么自便，不碍我的事，毛主席笑着大声说，我们也统统吃素食，因为今天是统一战线嘛。吃饭时多了一个江青，但我们只是点点头，没有谈话。

主席还告诉我，你不是在山东、河南农村搞过乡村建设吗？你现在可以看看解放后有何变化，然后再去东北的老解放区看看，比较比较。并说具体行程他会交由李维汉、徐冰安排，他们会通知地方政府接待的。

从1950年4月至9月中旬，我都在外地参观访问。9月23日晚，主席找我谈话，但那天我另有约请，是匆匆吃过晚饭才去的。我到主席住处，他即让人上菜吃饭，而且也准备了素食，我十分歉意地说，我因有约请，已吃过晚饭了，于是江青给我送来水果，是很大的水蜜桃。我一面吃，一面想，这桃子何以能保存到这个季节，但没有发问。这时主席在饭桌上问江青，去南方参加土改的事怎么样了？江青说总有人处处设障碍，摆出种种理由，劝阻她不要下去。主席大声说，只要决心大，有毅力，没有达不到目的、办不成的事。主席讲这些，都没有避开我。饭后主席询问我参观访问的情况，我一一作了汇报，谈完后，又对我说，你看新解放区，又看了老解放区，但都在北方，还没有到南方，你还可以再到广东看看。趁热打铁，你的收获会更大。但我表示，今年出去的时间长了，想休息一下，挤时间把参观东北、华北的见闻感想写出来，访问广东就缓一缓吧。这一次我又没有接受主席的意见，但不像上次那样，主席没有显露出不高兴，他笑着摆手说，也好，先写写观感，去南方的事以后再谈吧。这次谈话的末尾，主席对我说，听说你抵京后一直未有合适的住处，我已让人安排接你住到颐和园里边去，你在家听候安排吧。

　　关于我个人的住房及生活，主席曾问起过，但我并未细说，总是表示自己并无困难。我当时寄住在西城辟才胡同南宽街的一个亲戚家里，住房并不宽裕，生活亦有不便之处。主席了解了这些情况，几天后即由徐冰安排，派车接我去颐和园，住进石舫附近的一座小巧而精致的四合院，一直住了两年多，直至后来搬至积水潭边上的小铜井一号院为止。住进颐和园之事，足见主席对党外人士生活之关心，照顾之周到。

〔作者：梁漱溟（1893—1988），广西桂林人，著名学者和爱国民主人士。本文原载《领袖交往实录·毛泽东》。〕

毛主席主张广西省会在南宁

1949年11月初,中国人民解放军第四野战军南下解放广西,在武汉筹建的中共广西省委也由中共中央华中局所在地武汉市随军南移,并决定省委机关临时设在桂林市。在广西全境即将解放前夕,省委几位负责同志对广西省会的设置提出了几种意见:有的认为,桂林是历史文化城,名气大,是老广西省政府的省会,各种设施比较齐全,工作条件好,省会应设在桂林;有的认为,柳州是广西的中心,工业有基础,铁路可通湘、黔,水路直达粤、港,公路也很方便,从地理位置和发展工农业生产角度看有它的好处,广西省会设在柳州是合理的;有的说,南宁应作为广西省委、省人民政府的驻地:它靠近越南,是中国政府支援越南人民抗法斗争的前线,有国际影响;南宁又处在少数民族地区,也近钦州湾,而钦州湾是海防要塞,省会设在南宁对联系和巩固边海防及至指挥全省建设都有重要的战略意义,水路交通比柳州还好。三种意见,各有道理,但要定下来,还得报告中央。毛主席很关心这件事,他比较各方面的意见后,决定把省会放在南宁。1950年2月8日,广西省人民政府正式成立,确定南宁为广西省的省会。

广西曾是国民党桂系集团的老巢。刚刚解放的广西,满目疮痍,土匪猖獗。南宁铁路不通,通讯落后,当时对指挥全省的工作确有一定的困难。1951年初，省委书记、省人民政府主席张云逸进京向毛主席汇报工作时说，来宾至南宁的200多公里铁路不通，每次到北京或广州开会回南宁，都要在柳州转乘汽车，途中还要部队护送才行。柳州在广西的中心，还是把省会搬到柳州来吧。毛主席听完汇报后，站起来对张云逸说："广西的土匪的确很厉害哟！但是，铁路不通可以修嘛！"毛主席又转身对参加听汇报的公安部部长罗瑞卿同志说："罗长子，你们立即划出三条航线：北京、广州、昆明至南宁的飞机航线尽快通航。这样，我们的云逸同志今后回南宁就用不着部队护送了。"

在党中央、毛主席的关怀下，1951年5月，广西基本肃清了土匪，社会治安有了好转。来宾至南宁的铁路也于1951年3月建成通车；1952年民航南宁站成立，并陆续开辟了南宁至广州、北京、昆明的航线，交通比过去方便多了。

1958年1月，毛主席在南宁主持召开中央工作会议，一天，省人民政府省长韦国清向毛主席汇报工作，又顺便提到把广西省会迁往柳州之事。韦国清说："南宁较偏僻，往南走不远就到广东省的钦州小董（按：当时属广东省）了。柳州市是广西的中心，交通方便，而且荒坡荒地多，有利于建机关，办学校，盖工厂。"毛主席听了韦国清的陈述后，朗朗一笑说："这是你韦国清的一大发明。照你的说法，中国的首都在北京是不是也太偏了？也应该从北京搬到兰州或青海去才成哟！那里的荒山荒地可比柳州多得多哩！"毛泽东又一次巧妙地回答了这个问题。韦国清也觉得毛主席的说法在理，表示同意毛主席的意见。

南宁是一座"草经冬而不枯，花非春仍奔放"的岭南名城。历史的进程，证明了广西省会设在南宁的必要。解放以来，在党和人民政府的领导下，经过各族人民的团结奋斗，南宁的工农业生产日新月异，科技文教事业进步很快，水、陆、空交通也迅猛发展，到处呈现一派欣欣向荣的景象，成为广西各族人民向往的政治、经济、文化中心。特别是1992年5月，国务院把南宁定为开放城市，把广西确定为大西南出海通道以后，南宁以它"三沿"（沿海、沿江、沿边）的优势，在大西南通道的位置上显得更加重要。在改革开放的新形势下，南宁将以面向东南亚、背靠大西南的崭新姿态展现在人们的面前。南宁，将对广西，对中国，对世界，作出更大的贡献。

（李德汉）

情系壮乡"大动脉"

1949年11月初，中国人民解放军第四野战军主力和第二野战军四兵团集中了9个军30个师约42万余人的优势兵力，执行毛主席制定的大迂回、大包围、大追歼的战略方针，以排山倒海之势，向盘踞广西的国民党白崇禧部以及逃窜在粤桂边区的余汉谋残部共约21万人，展开了一场大围歼战，拉开了解放广西的帷幕。

40余万大军入桂作战，交通运输是个大问题。"兵贵神速。"当时任四野第十三兵团政治委员的莫文骅同志在进军广西之前，算了一笔账：大军入桂后，大约一年要500辆军车运军用物资，耗费很大，这笔开支，在广西境内可以修一条铁路了。目前湘桂、黔桂铁路广西路段，设备陈旧，运输能力低，加上战争影响，铁路设施破坏严重，不能正常运转，如不及时修复，将制约广西战役的进程，也将影响胜利后的巩固。于是，他从全局出发，于10月25日，从湖南安江发一电报给中央。电报中说：

桂省粮食不够，今年又大水灾，三百万灾民，而我军八个军入桂，军粮、民粮均成问题，请考虑。建议中央抢修湘桂铁路及将宾阳至南宁段二百多里接轨（有路基），以利湖南粮食南下。否则大军到南宁后继续向左右江前进及陈赓部队进到云南则无粮接济。为了开展广西经济，及解决盐食以免入超太大，请中央考虑新设邕钦铁路三百里以后，再设通龙州铁路,这个对国际革命重要。

刚刚诞生不久的中华人民共和国百废待兴。在毛主席办公室里,莫文骅的电报被端端正正地摆在办公桌上。毛主席凝视着这份来自南方战场上的电报,经过深思熟虑后,用他那扭转乾坤的巨手,拿起毛笔,有力地在电报上批示:同意,铁道部转广西省委。并命令马上修建铁路,要求1951年5月1日通车。莫文骅从给中央发电报请示到收到毛主席回电,仅仅三天!

根据广西战役的作战部署,第四野战军以四十九军三个师放在第二线,入桂后,沿湘桂路两侧摆开,消灭白崇禧残部后就担任剿匪、掩护交通与筹粮任务。同时电告广西省委,指示地方党组织和地方武装积极开展军事活动,我主力部队到达时要帮助筹粮及掩护交通线,消灭残敌。

广西地方党组织密切配合入桂作战部队,积极组织和发动湘桂铁路的广大员工开展护厂、护路斗争,大力抢修设备,保证入桂作战部队兵员和物资的正常运输。桂林铁路苏桥车辆制造厂广大职工与敌人展开了英勇的护厂斗争,完好地保存400多台车辆,保证了铁路运输。柳州铁路车站是敌人撤退时重点破坏单位。柳铁工人根据中共柳州城工委关于防止敌人破坏的通知精神,立即召开紧急会议,并组织武装自卫队。1949年11月24日夜,敌人用6辆十轮大卡车装满炸药要炸毁车站。铁路员工闻讯后,立即行动起来拿起武器与敌人进行面对面的斗争。敌人慑于群众的威力,扔下炸药弃了车就仓皇逃命。解放军进入柳州时,铁路工人把完好无损的车站交给解放军。

由于解放军进军神速,11月6日发起广西战役,11月22日大军进入桂林,12月4日解放南宁,12月11日占领镇南关(今友谊关),宣告广西解放。因此,修复铁路工作一时不能兼顾进行。广西解放后,在党中央和毛主席的关怀下,立即开始了铁路修复工作。1951年3月湘桂铁路来宾经南宁至中越边境镇南关段便建成通车,并迅速修复了黔桂铁路金城江至贵阳段。1953年,黎塘至湛江300多公里的铁路又建成通车,使解放不久的广西有了一条通往海港口岸的铁路。这对巩固海边防,发展广西经济,以及建设大西南都起到了重要作用。

(李德汉)

睦南关、友谊关关名的由来

在广西凭祥市西南17公里处,有一座虎踞祖国边界的雄关,这就是闻名中外的友谊关。它北倚峭石峥嵘的金鸡山,东连高耸险峻的大青山,穿关而过的一条公路直通越南民主共和国的凉山,为中越两国交通的咽喉;关前300米,即中越交界的零公里处。此关原名镇南关,始建于明朝洪武年间,曾叫鸡陵关、界首关、镇夷关,也曾称为南关,明末定为镇南关,一直至解放初期。原来的关楼,在中法战争和抗日战争中两次被毁,1957年重新修建。重建后的关楼为拱式城门、三层城楼,花岗石、钢筋混凝土结构,关楼高21米,两侧有短垣连接左右山麓,关门额上嵌着陈毅元帅题写的"友谊关"三个笔力雄健的大字刻石,关楼顶上飘扬着一面五星红旗,在满山苍松翠竹的掩映下,整个关楼更显得雄伟壮丽。提起更改关名,当年还有一段鲜为人知的故事呢!

1949年12月11日,人民解放军把红旗插上镇南关,广西全境回到了人民的怀抱。接着,广西胜利完成了清匪任务,之后,又转入土改和恢复发展国民经济工作,当时,为了支援越南的抗法斗争,广西省委提出要把湘桂铁路从南宁延伸到边陲重镇凭祥(并至关口),计划重建镇南关。省委已筹集了建关经费,想请毛主席题写"镇南关"关名,于是将报告呈送北京。

1951年5月，广西军区副政委莫文骅调东北军区工作，途经北京时，给中央办公厅的叶子龙打电话，说要去看望毛主席。莫文骅很快接到通知，让他下午四点去。他按时来到中南海毛主席的住处。毛主席给予热情接待，询问广西清匪、土改等方面情况，莫文骅同志如实汇报了。接着，毛主席留他吃晚饭。饭后，莫文骅提起广西省委拟重建镇南关，想请主席题写关名的事。毛主席沉思一下，说："镇南关是历史名关，冯子材打败番鬼就在那里，重建关楼是件好事。关名嘛，时代已不同了，再用这个'镇'字就不妥当。我们共产党人主张大小国家平等相处，友善和睦，关那边的越南是我们的友好邻邦，我看这个'镇'字要改换，请广西同志考虑考虑。"莫文骅当即说："主席讲得很深刻，我们没想到旧关名会影响到与友邦的关系，我一定把主席的指示传达给广西同志。"

根据毛主席的指示，广西省委经过商议于1953年将"镇南关"改名为"睦南关"。1965年经国务院批准，又改为"友谊关"，并请陈毅元帅题写了关名。千百年来一直是兵家必争之地的古道名关，几经风雨，如今已成为中越两国人民友好往来的重要通道，又是人们观光览胜的好去处。

巍巍雄关，今日更加壮美了！

（韦秀康　娄剑琴）

毛主席关怀林虎的工作安排

1956年5月下旬，在广州珠江口一艘大船雅座厅里，欢声笑语，掌声阵阵。原来，这里正在召开广西省委向党中央汇报的会议。参加汇报会的同志们热烈欢迎毛主席以及杨尚昆（时任中共中央办公厅主任）、罗瑞卿（时任公安部部长）等同志的到来。

广西出席这次汇报会的有：陈漫远（中共广西省委书记）、韦国清（中共广西省委书记处书记、广西省省长）、贺亦然（中共广西省委常委、广西省委农村部部长）、林克武（广西省委统战部部长）、骆明（广西省委宣传部部长）、钟枫（广西省公安厅厅长）等。

中共广东省委书记陶铸将广西省委的领导同志一个个给毛主席介绍。当介绍到林克武时，毛主席半开玩笑地问："你是不是林虎家族的人？"林答："我们都是陆川人。"听了林克武汇报广西的统战工作后，毛主席说："要加强同民主人士的团结，教育、帮助他们转变思想，提高他们对共产党的认识。广西的林虎，在四一二政变中持中立态度，在抗日战争和解放战争时期，是反对蒋介石的。他的一些言行，对人民有利。我们要团结他，适当安排他的工作。不知他现在做什么？"林克武说："我们已安排他在省人委参事室任参事。"毛主席接着说："不行，地位太低了，要重新安排。"

林虎，广西陆川县人，1886年生于广西万冈（现巴马）。1901年入江西武备学堂就读，毕业后在广西新军任营督操官、督队官、营长。1906年加入中国同盟会。武昌起义时，由粤率师援鄂，曾任南京国民政府陆军部警卫团团长、一师旅长。在讨袁护国战争中，任左翼讨袁军司令。后往日本加入中华革命党。在香港策动滇、桂两省起兵讨袁。1916年后，先后任护国军第六军军长、高雷镇守使、广东警备军总参议、第二军军长、陆军部次长、国民参议会参政员、国民政府立法委员。广西解放后，他积极参加土改工作，后安排在省人委参事室工作。

广州汇报会后不久，中共中央统战部部长李维汉给广西省政协打来电话，请林虎到北京等地参观。林虎到北京后，周恩来总理接见和宴请了他，后又派人陪他到长春汽车制造厂参观。这个厂自1948年底从国民党手中接管过来后，经过技术改造，至1956年10月，产量比1948年国民党统治时期增加两倍多，生产蒸蒸日上。林虎高兴地说："解放前，我们连单车都要坐洋人的，现在刚刚解放几年，就建设有这样大规模的汽车制造厂，真了不起啊！"通过参观，林虎进一步加深了对共产党的认识和热爱。

在党中央和广西省委的建议下，在1956年12月20日至23日召开的政协第一届广西省委员会第三次会议上，林虎被补选为省政协副主席，同时被选为第三届全国政协常委。

林虎在领导岗位上，工作兢兢业业，常与雷沛鸿、丘辰等省政协副主席商量，为广西经济建设出谋献策。在1957年8月19日至9月5日召开的广西省政协一届四次会议上，他作了《政协广西省第一届委员会常务委员会工作报告》，得到了与会同志的赞成和支持。1958年1月22日，林虎参加了毛泽东主席、刘少奇副主席、周恩来总理等中央领导人在南宁人民公园接见各族各界群众代表的活动。他激动地说："共产党的领袖这样和群众在一起，太可贵了。"林虎的工作成绩受到大家的称赞。在1959年12月的政协第二届广西壮族自治区委员会第一次会议上，他当选为广西壮族自治区政协副主席。1960年2月8日，他因病医治无效在南宁逝世，终年74岁。

中国共产党人与民主人士肝胆相照、荣辱与共的历史，从毛主席等关心林虎的工作中得到生动的体现。

（韦显知）

毛主席接见广西少数民族参观团

1956年8月,首都北京一派兴旺繁荣景象。此时,由壮、瑶、苗、侗、毛南等10个民族共55人组成的广西少数民族参观团,由团长黄举平(壮族,时任广西省民族事务委员会副主任)率领到达北京进行参观、访问,受到中央有关部门、北京市党政领导和各界群众的热烈欢迎和接待。参观团全体成员曾被邀请参加欢迎老挝首相的文艺晚会,观看了匈牙利人民军文工团的访华演出,还观看了著名京剧表演艺术家梅兰芳的表演。参观团每到一处参观访问,都受到很好的接待、照顾。但是代表们还有一个最大的心愿,他们十分希望能见到各族人民敬爱的领袖毛主席!

但是,毛主席日理万机,能接见他们吗?

中央有关部门把广西少数民族参观团的愿望向中央办公厅反映后,毛主席非常理解和关心广西各族人民,决定8月27日在中南海怀仁堂接见广西少数民族参观团全体成员。大家听到这一喜讯后,都非常激动,争相走告:"我们要见毛主席啦!""我们要见毛主席啦!"黄举平团长立即召开有关会议,讲纪律,讲礼节,要求以最佳的精神面貌接受党中央、毛主席的接见。

27日一早,代表们人人穿上鲜艳的民族服装,等待幸福时刻的到来。大轿车载着代表们缓缓驶进中南海时,大家的心情更加紧张和激动。碧绿的湖水在荡漾，青青的柳枝随风摆动，红墙绿瓦，也格外新鲜。代表们从内心发出赞叹：啊，这就是毛主席居住的地方！汽车来到怀仁堂门口，代表们有秩序地先让老同志下车。大家走进怀仁堂接见大厅，只见厅里灯火通明：明亮的水晶玻璃大吊灯，柔和的壁灯与紫红色的地毯相辉映，加上壁上气壮山河的画屏，把接见大厅装扮得更加庄严美丽。当毛主席、周恩来总理、邓小平副总理、陈毅副总理等领导神采奕奕，健步走进大厅时，只听得"刷"的一声，代表们不约而同地从座位上站立起来，向领袖们投去敬爱的目光，大厅里同时响起了一阵热烈的掌声。

黄举平团长是一位老共产党员。他1929年就担任中共东兰县委书记，曾和邓小平一起在东兰开展土地革命工作，后又在右江地区坚持革命斗争达24年之久。当毛主席那双温暖的巨手握着他的手时，一股暖流涌上心头。他激动地说："感谢毛主席，祝毛主席身体健康！"毛主席和蔼地说："好，好！你们多到一些地方走一走，看一看。"毛主席还赞誉说，韦拔群同志是深受群众爱戴的。接着，周总理、邓小平副总理、陈毅副总理也先后走过来，紧紧握住他的手。新华社记者齐观山摄下了这一历史镜头。接见过程中，广西代表团的54位代表，也都一一和毛主席握了手。他们用不同的语言，表达了各族人民对毛主席的衷心祝愿。

短短的十几分钟接见结束了。毛主席、周总理等党和国家领导人离开了接见大厅，但代表们还沉浸在幸福的回忆之中，久久不愿离去。代表们回到住地后，立即把这一大喜讯报告广西父老乡亲。《人民日报》《广西日报》分别发表了毛泽东主席接见广西少数民族参观团的消息和照片。参观团成员之一、韦拔群烈士胞妹韦乜生激动地说："我哥牺牲那么多年了，毛主席还记得他，我哥在天之灵也会欣慰的。我要努力生产，多打粮食，报答毛主席，报答国家。"

广西少数民族参观团在北京受到毛主席等党和国家领导人接见后，

1956年8月27日毛主席在怀仁堂接见广西民族参观团时，与团长黄举平握手。
（黄语扬 供稿）

中央有关部门根据毛主席的指示，安排参观团先后到呼和浩特、天津、大连、长春、延吉、哈尔滨、沈阳、鞍山、抚顺、南京、杭州、上海、武汉等地参观、访问，历时两个半月。11月7日，广西少数民族参观团带着党中央、毛主席的亲切关怀，带着全国各地各民族人民的深情厚谊，顺利地回到了南宁。

（李德汉）

毛主席是少数民族人民的贴心人

1954年，我从祖国南疆来到首都北京中南海，荣幸地当了毛主席的警卫战士。回想在毛主席身边工作的三年间，我亲眼看到敬爱的毛主席总是日夜为革命事业操劳，又是那样谦虚谨慎，平易近人，与各族人民心连心。特别是他老人家对都安、东兰各族人民和我这个普通的瑶族战士的亲切关怀，更是记忆犹新，感人肺腑。

时刻关怀警卫战士的成长

我的名字是毛主席教我改的。

那是1955年7月22日的早晨，中南海游泳池旁的杨柳在微风中飘拂。毛主席不顾整整一夜的辛劳，坐在游泳池边的白布凉棚里，审阅和听取我们几个警卫战士的调查报告和汇报。毛主席和我们一一握了手，让我们坐在他的身边。他一字一句地认真看，还问了我们许多话，当主席看到我的名字叫蓝宝华时，就微笑着风趣地对我说中间的"宝"字是宝贝的"宝"，如果改一下，要保卫的"保"字，保华保华，就是保卫中华，这样改了，意义就大了。听了主席这番话，我的心久久不能平静。毛主席几十年来领导人民闹革命，无数先烈抛头颅，洒热血，才换来了红色江山，毛主席多么期望我们能够好好保卫各族人民共享幸福的社会主义祖国啊！从此，我就改名为"保华"。

毛主席无微不至地关怀着我们警卫战士的成长，经常询问我们的政治和文化学习情况，鼓励我们刻苦学习。他老人家对我们说，你们不但要会武，而且要成为有社会主义觉悟的、有文化的政治工作人员。你们要好好学习，提高文化，有了点知识，就能学懂马克思主义。毛主席的谆谆教导，我们警卫战士铭记心间，成为我们学习文化的巨大动力。在毛主席的亲切关怀下，我们的政治文化水平得到了较快的提高。

一次，我们几个警卫战士向主席汇报，主席问我们，你们结婚没有？当主席听到我和有的同志说没有结婚时，又问：有对象了没有？我和一些同志回答说："我们年纪还轻，不忙考虑这个问题。"主席听了连连点头说："对，晚点结婚对工作学习都有好处。"

少数民族的贴心人

毛主席历来对少数民族给予很高的评价，对各族人民十分关怀。1955年，我的家乡都安瑶族人民要求成立自治县，毛主席知道后就叫我回都安了解一下群众的意见和要求。我回北京后向毛主席作了汇报。毛主席用铅笔在我报告皮面上记下了都安群众的要求。

都安瑶族自治县成立后，毛主席又叫我回乡看一看。1956年5月18日，毛主席在广州，要我去给他汇报。我告诉毛主席：瑶族人民得到了党和人民政府的特别照顾，他们很满意。毛主席听了很高兴。在汇报中，毛主席问我：都安有多少瑶族人民？县长是不是瑶族人？有多大年纪？还问：他们还有什么意见和要求？我一一作了回答后，毛主席又问我们在座的几个同志：队、社、区、县有没有妇女当干部？

当听到有的同志讲有些地方、有些单位还没有妇女干部时，毛主席说：太糟糕了，妇女是半边天，没有妇女当干部怎么能发挥妇女的作用？

毛主席向来尊重民族语言，经常教导在少数民族地区工作的汉族同志要学习民族语言，他老人家还为我们作出了榜样。记得我第一次和其他同志向毛主席汇报社会调查情况时，毛主席留我们吃饭。他知道我是瑶族人，便指着桌上的酒杯问我：都安的瑶族同志，"喝酒""吃饭"的瑶话是怎么讲的？

1971年毛主席在天安门城楼接见乒乓球运动员。右一为广西运动员梁戈亮。

我告诉毛主席："'喝酒'是'喉觉'，'吃饭'是'哝矮'"。毛主席就学讲起来。饭后毛主席还把学到的话写在本子上，注上音。毛主席的记忆是惊人的。一年之后，我到广州向毛主席汇报情况，毛主席一见我就说：瑶族同志，"喉觉""哝矮"，对不对？

我回答说对的。毛主席又问了许多瑶话的讲法，我讲出一些，有些不会讲。我对毛主席说："我很小就出来当兵了，有些不懂，有些忘了，家里的老人都懂。"

毛主席说：下次回家多给你一点时间，向老前辈学讲瑶话，民族语言不能丢啊！

1955年，我曾向毛主席汇报过都安粮食困难的情况。毛主席在我的调查报告皮面记下：粮食困难。并及时指示解决。

1956年5月，毛主席在外地听我汇报家乡的情况。毛主席问：你家的粮食有没有困难？你家乡的人民群众平常每餐是吃干的还是吃稀的？人长得壮不壮，脸色红不红？合作社办得怎样，庄稼长得好不好？还问我：是亲自看到的还是听别人讲的？我一一向毛主席作了汇报，毛主席很满意，当毛主席问到都安的粮食问题是怎么解决的时候，我汇报说：一是人民政府从外地调来了粮食；二是发动群众自力更生解决。

毛主席详细地问道：如何自力更生法？

我说，其中有一条是政府发动群众上山挖山毛薯和采集香竹籽做补充食物。

毛主席又关切地询问：山毛薯是什么样的？你怎么没弄一点来？下次一定要带一些来。

后来，我从家乡带了一些山毛薯等补充食物到北京，毛主席叫人煮熟了，自己亲口尝，还要在他身边工作的同志尝一尝。

毛主席语重心长地教导我们：我们过去都在农村，今天进城了，可不要忘记农村的老百姓，不要忘记群众的疾苦。

一次，毛主席问我：瑶族地区的交通情况怎么样？

我回答说：不够方便。我回家的时候，从宜山下火车，没有公路，走了两天才到都安，瑶族人民要求从都安修一条公路到宜山。毛主席马上把这个要求记下来。一年多后的一天我从家乡回到北京，毛主席问我：公路修好没有？

我高兴地告诉毛主席：公路修好了。毛主席高兴地点了点头。

毛主席不但亲自筹划民族地区的社会主义革命和建设，还谆谆教导我们关心和支援家乡建设。有一回，毛主席又对大家说：你们每人每月都要写两封信给熟悉家乡情况的人，向他们了解情况，他们回信后，送来给我看看。我们敬爱的毛主席，是多么紧密地与全国各族人民血肉相连、息息相关啊。

要将革命进行到底

有一次，毛主席在批改我的调查报告时，见我写的家乡地址是"广西都安县……"，就问我：都安靠近什么地方？

我答道："一边靠近宜山，一边靠近河池，一边靠近东兰，一边靠近万冈（现在是巴马瑶族自治县），一边靠近马山。"毛主席就在"都安县"几个字旁边划了两道杠杠，在旁边写上"近东兰"三个字。

随后，毛主席问我：东兰有个革命先烈叫韦拔群，你知道吗？我说："听说过。"

毛主席说："东兰是个革命根据地，过去韦拔群同志就在那里领导人民闹革命，后来为革命英勇牺牲了。他是壮族人民的好儿子、农民的好领袖、党的好干部。我们要发扬光荣传统，继承先烈遗志，将革命进行到底。"

他老人家不但这样教诲我们，而且身体力行。我们每一个在毛主席身边工作过的同志，都有许许多多难忘的回忆。

毛主席穿的一件浴衣补了多处，他的皮鞋鞋头破了，补起来又穿；毛主席每天工作十几甚至二十个小时，有时一个晚上就要开几个会或接见几次客人和外宾；毛主席没有节假日；有时，我们端上几次饭，他老人家还顾不上吃。

"毛主席窗前一盏灯，春夏秋冬夜长明，伟大领袖灯前坐，铺开祖国锦绣前程。"这些诗句，正是敬爱的毛主席为革命掏尽心血的真实写照。

（作者：蓝保华。本文原载于1977年9月14日的《广西日报》，选入本书时作了删节。）

毛主席赞扬莫寿全合作社

1955年的一天，毛主席审阅完《岑溪县莫寿全农业生产合作社开展合理化建议的经验》一文后，脸上露出满意的笑容，欣然为文章写下了按语："这是一个创造性的经验，望读者注意。"这篇文章编入了由毛泽东主持编纂出版的《中国农村的社会主义高潮》一书。

莫寿全农业生产合作社是广西最早建立的四个农业生产合作社之一。1952年4月3日，在马路乡马路村团支部书记莫寿全的带头和组织下，建立了马路村第一个农业互助组，取名"莫寿全互助组"。组织起来的农民，积极生产，头一年就夺得了粮食大丰收。全年粮食产量比上一年增产3433公斤，增长51%。当年莫寿全互助组被评为岑溪县特等模范互助组、容县专区一等模范互助组、省农业模范互助组，并受到中南农委的嘉奖。莫寿全被选为专区的农民代表，上北京参加了国庆大典，幸福地见到了伟大领袖毛主席。

1953年1月，中共广西省委召开扩大会议，决定试办初级农业合作社，莫寿全互助组和全县（今全州县）、贺县的蒋在球、罗述珍、缪隆恩等互助组同被选为试点。1953年4月22日，莫寿全农业生产合作社宣布成立。全社共9户人家，入社土地共36.34亩。民主选出7人组成社务委员会，莫寿全当选为社长。取名"莫寿全合作社"。农业合作社实行统一经营，当年就获得粮食大丰收，平均每亩比上年增36公斤，全社卖给国家余粮 3475 公斤。

农业合作社显示了集体的优越性，吸引着许多单干农民要求入社。1954 年春，莫寿全根据上级的指示精神，并征得全体社员的同意，又吸收了 39 户农民入社（其中 8 户是困难户）。全社由 9 户扩大到 48 户，分为 4 个生产队。

由于扩社后很快转入春耕生产，接着又是抗灾斗争，管理上还来不及建立健全制度，因而在夏收夏种后，一些问题逐步暴露出来，"主要是两方面：一方面，由于早造增产不多，预分收入减少的社员思想波动很大，有的社员便自己打小算盘。另一方面，由于对计划管理缺乏经验，例如包工包产没有包好，养猪缺乏饲料，社务委员分工不明确，劳动力使用不合理，因而眼前的生产工作，进行得比较混乱。社员面对上述情况议论纷纷。"

针对这些问题，社务委员会决定采取社员代表大会形式发动社员提合理化建议，集中好的意见，解决存在问题。首先向全体社员进行民主办社和建立社员代表会制度的宣传，启发社员发扬当家作主精神；接着召开社员大会，按照"觉悟高、生产好、爱护社"的条件，选出 20 名社员代表（贫农占 2/3，妇女占 1/4）为骨干，发动全体社员积极提合理化建议。经过宣传发动，短短几天时间，社员共提建议 86 条。其中有关社务委领导问题的 26 条，有关经营管理的 13 条，有关副业生产的 13 条，有关财务工作的 8 条，其他方面的 26 条。

社务委就社员提出的意见逐条进行分析，并提出改进措施：一、调整社的领导班子，改选了 4 名不称职的社务委干部，同时建立领导干部岗位责任制。二、加强政治思想工作，对取得显著成绩的生产队和社员，给予表扬和奖励，全社评选出优秀生产队 1 个，发给奖旗，评选出优秀社干 5 人，优秀社员 20 人；同时对消极生产，只图私利的个别社员进行了批评教育。三、改进经营管理。大田生产均实行包工、包产、包投资，并按照农副业的不同工种，修订劳动定额。四、健全财务管理制度。凡开支10元以下的由社长批准，10元以上的由社务委员会审批，较大的开支必须通过社员代表大会。五、修订生产计划，把原来晚造计划增产二成调为增二成七五，并采取相应的增产措施，搞好晚造田间管理。六、扩大副业生产，分工一名副社长抓副业生产。社员看见自己的建议变成了决议和行动，受到很大鼓舞，说："人多计较长，只要大家拥社爱社，不愁社办不好。"由于采纳了社员群众的建议，计划管理有了很大改进，基本上克服了混乱现象，蓬勃地开展了生产运动。1954年7月，社长莫寿全光荣地出席了广西省人民代表大会，并当选为第一届全国人民代表大会代表，此后，继续当选为第二、三、五届全国人民代表大会代表。他先后12次见到毛主席。

30多年来，马路村党组织一班人牢记毛主席对他们的鼓励，坚持走群众路线，发扬民主，保持荣誉，生产不断发展。党的十一届三中全会以后，他们更新观念，大胆改革创新，实行"重钱抓粮"的战略转移，大力发展农副业生产，农业向高产优质高效发展，粮食亩产超一吨，养殖业在地、县也很有名气，他们还办起了开采花岗岩企业，第三产业也蓬勃发展，人均收入成倍增长。1992年12月29日《广西日报》报道了他们的新成就。马路村的人民群众相信，在党的领导下，坚持毛泽东思想，坚持社会主义道路，前途是无限光明的。

（樊东方）

难忘的时刻

——毛主席会见青年团三大主席团成员

这是一个载入新中国史册的不朽的"镜头",它记录着一个难忘的时刻。一群青年人,紧紧围着领导中国人民摆脱奴役走向幸福的毛泽东主席周围,无拘无束地提要求,七嘴八舌地"磨",忘情地欢笑,仿

广西青年代表荆缦云(后排穿白衣者)、欧阳云莲(壮族、前右二)、刘明仁(前右三)参加了1957年5月15日毛主席和青年团三大主席团成员的会见。(荆缦云 供稿)

佛是在自己的爷爷身边；这位举世公认的伟大人物，中国人民最崇敬的领袖，在一群普通的青年中间，以他那亲切的笑容，幽默的谈吐，慢声慢调的商量，在不知不觉中消除了一些同志的局促心理。时光流逝，转瞬36年了，但是这个镜头所记录的生动场面却清晰地镌刻在我的记忆之中……

1957年5月15日下午，中国新民主主义青年团第三次全国代表大会在全国政协礼堂举行开幕式。我们广西代表团就坐在会场的左前方，离主席台很近，大家都目不转睛地看着毛主席，生怕这个幸福时刻过得太快了。这时，大会工作人员来找我（当时我担任青年团广西省委常委、宣传部部长），说是等一下会议休息时，毛主席要会见大会主席团成员，因为广西快要成立壮族自治区了，所以特地叫我们再派三个各族代表去参加。我就近同团省委的几个常委商量，决定由田东县的团县委书记欧阳云莲（女，壮族）、博白县三滩区的团委书记刘明仁（女，汉族）和融水苗族自治县的农村团支部书记吴老芬（男，苗族）参加，并由我带他们前去。我们很快地出了会场，绕过前厅，到达主席团休息室。我们等啊，等啊，仿佛过了很久，很久。

终于，毛主席他老人家到休息室来了。团中央第一书记胡耀邦同志宣布：现在是年轻一代同老共青团员会见。毛主席非常高兴地说："哈，我也是个老共青团员哪！"大家呼啦一下子围了过去，争着向毛主席问候，同毛主席握手。很快，大家又自动排起了队。

轮到欧阳云莲了，毛主席握着她的手，看着她的民族服装，亲切地问："你是哪里的？哪个民族的呀？"欧阳云莲答："田东的，是壮族。"欧阳云莲的方言太重，主席没听清，侧着头又问："啊？"她又说："田东，田东。"我赶快走上前去说："她是广西田东县的。那里曾经是红七军的根据地，是壮族的。"毛主席连连摇着她的手说："好哇，好哇！"当时才十八岁的陆川人刘明仁，圆圆的脸兴奋得通红，一个劲地用客家话轻轻呼喊："毛主席，毛主席！"老实而腼腆的苗山仔吴老芬，高兴得不知所措。我把他们一一介绍给毛主席，就到后面去排队，等着同主席握手，握过了又到后面排队，等着再握。就这样，我同他老人家握了三次手，心里美滋滋的，真有说不出的高兴。

毛主席在一张紫红色的长沙发坐下。刘明仁和欧阳云莲就紧挨着坐在他的左侧，我沿着墙边挤到毛主席的左肩后面。我们十分高兴，离他老人家是那么近，激动得有点手足无措。我仔细地看着他那梳理得齐齐整整的黑发中夹杂着根根银丝。他穿的是灰白线交织的毛料中山装……大约大家都有同样的感觉，满肚子的话，一时不知从何说起。

像是为了缓和一下大家的情绪吧，毛主席从茶几上拿起一支香烟看着，自言自语地说："唉，医生不让多抽烟。"山东代表徐建春机灵地划着了火柴给他点燃了烟说："吸一点不要紧。"我紧张地思考着：在这最宝贵的时刻，该同他老人家说什么话呢？啊，想起来了！我们广西代表团在来京的火车上，曾经讨论过给毛主席写信，那信上最能表达大家热切愿望的，是这样几句话："毛主席呀，我们都想见到您！哪怕一分钟，都想亲耳聆听您老人家的教诲，哪怕一句话。"现在已经见到了，第一个愿望实现了，可是还没有讲话呢。对，就请他老人家讲话吧！我就说："毛主席呀，您给我们讲讲话吧！"毛主席说，这几天没有空，正在开一个会议，过几天，还要开个会。大家说，现在没有空不要紧，我们这个会刚开头，还要开好多天呢，过几天，再请您来！毛主席又说，再说，身体也不大好。说着，好像有意地轻轻咳了两下。说道，你们看，这不又咳嗽了！说完，他首先哈哈地大笑起来，大家跟着也笑了。这个说，您多注意休息，那个说，您很快就会好起来的。我说："您哪怕讲一句都好哇！"他好像一下子抓住了我的空子："才一句呀？现在已经讲了七八句都不止了！"说着，他又一次开心地哈哈大笑起来，大家也都忘情地笑起来，一点拘束都没有。接着，我们就七嘴八舌地"磨"：有的说，只跟我们几个人讲话，那不行，要在大会上讲讲话，有的说，给我们青年和青年团工作做些指示吧……毛主席耐心地听大家提要求，等大家稍静一些了，他用商量的口气说："这样吧，先不要做'决议'，等过几天看看情况再说好吗？"这时，胡耀邦同志说："好啦，好啦，主席答应考虑大家的要求了，让主席休息一下吧！"我这才醒悟过来，抬头一看，好家伙，里三层，外三层，大家只想挨毛主席近一点，不想把毛主席围住了，天气又热，真该透一下气了。于是依依不舍地撤了"围"。

这天晚上，我们广西代表团住地一直沸腾到深夜，问的问不够，讲的讲不够，听的听不够。大家认为，这不只是我们几个人的幸福，也是广西代表团的幸福，广西人民的幸福！因为参加这次会见的，除大会主席团成员外，临时增加的就是广西这几个代表了，足见中央对广西各族人民的特殊关怀。

更令人难以忘怀的是，给代表们讲话的事虽然未做"决议"，但毛主席还是没有忘记年轻人的要求。5月25日下午，毛主席在中南海同全体代表一起照了相，并作了非常重要的指示，这就是全国人民非常熟悉的名言："中国共产党是全中国人民的领导核心。没有这样一个核心，社会主义事业就不能胜利。""同志们，团结起来，坚决勇敢地为社会主义的伟大事业而奋斗。一切离开社会主义的言论行动是完全错误的。"

这伟大的召唤，亲切的教诲，一直鼓舞和激励着整整一代人全心全意为人民服务，倾其所有为社会主义添砖加瓦。36年风雨历程过去了，思量起来，我们对自己为社会主义事业所付出的一切从来不企求什么酬答，而且始终是无悔无怨。那是光辉的毛泽东思想支持着的啊！

（荆缦云）

毛主席和覃应机[①]

1978年1月7日《广西日报》在头版头条以通栏醒目大标题刊登了一篇文章，题目是：《毛主席的伟大实践永远鼓舞我们奋勇前进》，作者是覃应机，时任中共广西壮族自治区委员会书记、自治区革委会副主任。

在这篇文章中，覃应机满怀深情，回顾了1958年1月陪同毛主席在南宁冬泳邕江的情景。文章开头说："今天，回顾毛主席当年的伟大实践，追忆跟随毛主席舒展双臂、搏击江涛的幸福情景，重温毛主席的亲切教导，更加激起我们对伟大领袖毛主席的无限怀念，更加鼓舞我们……沿着毛主席开辟的革命航道，奋勇前进！"

那是1958年1月，毛主席到南宁主持中央工作会议，住在明园饭店红楼。7日下午，覃应机到住处看望毛主席。当时天气阴冷，毛主席正患着感冒，却兴致勃勃地对覃应机说要到邕江游泳。覃应机只好力劝："主席患感冒，最好今天不要去了。"毛主席笑了笑，幽默地说："不要紧，以毒攻毒嘛！"

就在这一天下午，毛主席以65岁高龄冒着飕飕寒风，跃入冰冷

[①] 本文写作中参考了覃应机所写的《硝烟岁月》（中共党史出版社1991年版）和《毛主席的伟大实践永远鼓舞我们奋勇前进》（《广西日报》1978年1月7日）一文的有关内容。

的邕江水中畅游。只见他精神抖擞，红光满面，一会侧游，一会踩水，一会蛙泳，一会潜水，有时还仰卧水面，泰然自若，任水漂流。覃应机紧紧地跟随在毛主席身边。一边游泳，一边回答毛主席的询问，聆听毛主席的教导，望着毛主席在碧水中奋臂搏击的身影，覃应机的心中，涌起了一股热流，浮现了一番思绪……

那是1934年秋天，年仅19岁的覃应机从红三军团保卫局调到国家政治保卫局学习，来到了红色首都瑞金。有一次，中央在瑞金召开会议，覃应机和国家保卫局的工作人员一起负责会议保卫工作。那天晚上，在中央礼堂举行文娱晚会，许多中央领导同志都来了。在这里，覃应机——这位14岁参加百色起义的红七军小战士，又一次见到了自己的政委邓小平。在热烈的掌声中，邓政委登台演唱了一首法国歌曲。正当他听得入迷的时候，他的眼前出现了一个高大的身影。有人告诉他，那就是毛主席！

"啊，毛主席！我见到了毛主席！"覃应机欣喜若狂，一股热流涌上心头，不知怎的，眼眶竟湿润了。

这是覃应机第一次见到毛主席。在此之前，他虽然从来没有见过毛主席，但早就听说过毛主席的故事，毛主席在井冈山斗争的传奇业绩，早就深深地吸引了他，毛主席的高大形象早已深深地铭刻在这位年轻人的心中。他认定：毛主席是我们共产党和红军中最了不起的英雄！

不久，覃应机参加了长征。1935年1月，红军进占贵州省遵义城。覃应机作为先头部队曾化装进城侦察。当党中央在这里召开决定共产党和红军命运的遵义会议时，覃应机担任会议的安全保卫工作。在遵义，他虽然没有直接和毛泽东等中央领导同志接触，但是，他为自己担负了如此光荣的任务而自豪。后来，当他知道遵义会议事实上确立了毛泽东在全党和红军中的领导地位之后，是多么高兴啊！虽然他当时还年轻，懂得的事还不多，但是，他坚信，有毛主席领导，我们的党，我们的红军就会转危为安，从胜利走向更大的胜利！

长征到达陕北后，1936年2月初，覃应机奉命调到十五军团八十一师当特派员。一到八十一师，他就参加了毛主席在延长召开的团以上干部会议。在这里，覃应机又一次见到了毛主席。毛主席在这次会议上进行了东征的动员，宣布由一军团和十五军团组成中国人民红军抗日先锋军（简称"东征军"），开赴山西抗日前线，目的是打通抗日路线，推动抗日民族统一战线的建立。毛主席亲任东征军政治委员，彭德怀任司令员。

当时，八十一师驻在清涧县袁家沟前沟，毛主席住在后沟。东征出发前夕，2月19日晚，师部接到电话通知，说毛主席要召见师长贺晋年和特派员覃应机。贺晋年和覃应机立即上马，直奔后沟，在毛主席住的窑洞前下了马，喊一声"报告"之后，警卫员开门把他们迎进了窑洞。

这是一间非常普通、非常简朴的窑洞，分里外两间，外间用来会客、办公，里间是卧室。这时，毛主席正坐在外间火炉旁看书，见覃应机他们进门，便立即放下书本，把他们让到火炉旁坐下。

毛主席仔细地端详了一下面前的这两位年轻军人，大概考虑到了八十一师原是陕甘根据地的地方红军，便关切地问："这次东征，你们的部队能不能走，想不想家，有什么困难？你们看，不能走也可以留下来。"

覃应机和贺晋年立即回答："可以走，没有问题。部队里大多数指战员是贫苦出身，忠于革命，又经过了一段时间的整训，阶级觉悟普遍提高了，大家都要求出征，完全能够参加东征，请主席放心！"

毛主席满意地点了点头，说："地方部队熟悉情况，对东征是很有用的，你们认为能去，那就去吧，这对部队也是很好的锻炼。"

第二天，贺晋年把毛主席召见他和覃应机特派员，以及毛主席对八十一师的关怀和爱护的话传达给全师指战员，大家受到很大鼓舞，战斗情绪更加高昂。当晚，全师指战员便胜利渡过黄河，投入了东征的战斗。在此后70余天的征战中，八十一师作为右路军的一部，转战吕梁山，驰骋晋南，无论是作战、宣传抗日救国、做群众工作，还是筹粮、筹款、扩军，都经受了严峻的锻炼和考验，出色地完成了任务。

毛主席在陕北窑洞的亲切接见和谆谆教诲，使覃应机终生难忘，一直成为鼓舞他前进的力量。这以后，无论在太行山抗日前线的日日夜夜，还是在冀南平原的硝烟岁月，他都把毛主席的教导牢记心上，为党和人民的事业无私地奉献自己的一切，不论条件多么艰苦，环境多么恶劣，他都没有放松过对马列主义和毛泽东思想的学习。

解放后，覃应机奉命南下，回到了自己的家乡。这位出生在东兰山乡的壮族农民的儿子，在党的培养和毛泽东思想的哺育下，成长为一名党的高级干部，担任了广西省的党政领导工作。从此，他见到毛主席、直接聆听毛主席教诲的机会就更多了。

……

邕江浩荡，碧水东流。毛主席是那么兴致勃勃地在江水中畅游。突然，他问身边的覃应机：

"你们经常来游泳吗？"

覃应机赶忙回答道：

"过去，我们游的人不多，这么冷的天气在江里游泳，我还是第一次。"

毛主席又说："游泳可以锻炼身体。"

覃应机说："现在主席带了头，今后我们一定要多游。"

……

毛主席冬泳邕江的喜讯，立即传遍了八桂大地，广西各族人民深受鼓舞。从此，冬泳成了一项群众性的体育锻炼项目，在广西各地广泛开展。每年冬季，都有成千上万的人来到毛主席当年冬泳的地方。

在这些与寒冷搏斗的冬泳人群中,你可以看到一位神采奕奕的老人,他就是覃应机……

（金本毅）

毛主席关心广西建设

一

1956年5月，毛主席到广州视察工作，26—27日，在珠江口的一条大船上，听取广西的汇报。当省委农村部部长贺亦然汇报到广西实现农业合作化后，生产力获得解放，农民生产积极性空前高涨，大力开荒种粮，全省已开垦荒地多少多少亩时，毛主席插话说："你们不要把精力放在开荒上，要把现有的好田好地种好，你们不要把荒地都开完，得留一点给子孙去开嘛！"毛主席说的是符合实际的、正确的。当时广西的人口并不多，不存在人多地少的问题，能把好田好地种好管好，提高粮食产量，吃饭问题是完全可以解决的。

从广州回来后，省委立即召开常委会会议，研究贯彻落实毛主席对广西工作的指示。在农业上，全省结合实际，把精力放在种好现有的好田好地上，改善水利灌溉条件，加工加肥，注意消灭病虫害。1956年下半年虽然全省发生了几十年罕见的大旱灾，但粮食仍然获得丰收，总产量比1949年增长45.3%。

二

1958年1月，毛主席在南宁主持中央工作会议期间，一天，他见到一座高出屋顶的烟囱，便问道："这是么子工厂呀？"覃应机回答说："是砖瓦厂。"毛主席不禁笑起来，风趣地说："你们广西还算有一家工厂嘛！"说得大家都笑了起来。这虽是说笑，却道出了实情——国民党在广西留下的工业底子很薄，除了如砖瓦厂这样屈指可数的几家小工厂外，其余的所谓"工厂"，其实只能算是手工作坊。

广西工业落后给毛主席留下深刻的印象，也引起了他的关注。后来，广西提出要上三个重点建设项目：西津水电站、柳州钢铁厂、柳州化肥厂。毛主席便指示李富春副总理（兼国家计委主任）帮办。规划送到毛主席和周总理那里，很快就批准了。西津水电站施工以后，需要大量的钢材和水泥，而当时国家有关部门按计划分配给广西全年的钢材和水泥指标也远没有达到建设水电站的需求量。为解决困难，韦国清直接给周总理发电报求援。周总理及时在电文上批示："必须如数解决西津所需钢材水泥。"这使西津水电站得以继续施工。在毛主席、周总理的直接关怀下，1958年开始的第二个五年计划期间，国家给广西安排了一批包括钢铁、电力、有色金属、化工、机械、精密仪表、水泥、制糖、水利等建设项目，基本建设投资比"一五"时期增加2.2倍。这批基本建设项目对后来广西经济的发展起到了很好的作用。毛主席亲自审批的柳州钢铁厂便是其中的一个重点项目。

在南宁，毛主席还听取了广西省委领导刘建勋、韦国清、覃应机等同志的汇报。他询问了广西推广双轮双铧犁的情况，覃应机同志如实回答："广西山地多，农民反映这种犁重，牛拉不动，还没有普遍推广。"毛主席对平乐地区1956年发生的人为灾害事件也表示极大关注。

最后，毛主席指示说：广西原来经济基础差，经过各族人民的艰苦奋斗，第一个五年计划已胜利完成，今后要继续办好农业，工业也要争取后来居上。中央工作会议以后，省委召开常委会会议，讨论贯彻落实毛主席指示的问题，省委曾作出有效可行的生产计划，但后来出现了高指标、瞎指挥、浮夸风和"共产风"的错误，影响了工农业的发展，走了一段弯路。

三

1964年，毛主席亲自组织制定的三线建设计划（因其他原因1969年才实施），把广西的西部划为全国大三线范围，安排建设一大批项目。比较重大的有：枝柳铁路（广西境内200公里）、由桂西到桂北的0539公路、红茂煤矿、罗城煤矿、金城江水力发电设备厂、广西中薄板厂、河池钢铁厂、东风冶炼厂、河池氮肥厂、宜山维尼纶厂、下桥电站、柳江纸厂、东江棉纺厂、德胜铝厂、巴马水泥厂、百色矿山机械厂等，使广西解放后第一次成为全国的建设重点之一。从1969年到1976年的8年中，在国家的支援下，广西基本建设投资总额达到51.3亿元，比新中国成立后17年的广西基本建设投资总和还多13.3亿元。三线建设改变了广西的工业布局，促进了桂西北地区的经济发展，对这一时期广西的经济发展起到了积极的推动作用。

（樊东方）

毛主席与南宁会议

南国春来早，几阵春风微雨，扫去了冬日的阴沉。温煦的阳光下，百花含苞，蝶舞蜂喧，一派生机！

1958年1月6日，毛主席怀着对祖国社会主义建设的新希望，从长沙乘飞机来到风光旖旎的南宁，准备在南宁召开有部分中央领导人和部分中央部委、地方负责人参加的中央工作会议，通称"南宁会议"。这次会议，正如中共中央党史研究室编著的《中国共产党的七十

南宁会议原址。

年》所说的:"南宁会议和成都会议作为探索中国自己的建设社会主义道路的新起点,有其积极的一面。"

1956年的中国以基本完成对生产资料私有制的社会主义改造而载入史册。但是,全党对如何在中国建设社会主义,缺乏足够的理论和思想准备,有些地方和部门不了解和尊重经济建设的规律,不顾实际可能,盲目地增加预算投资和扩大基本建设,造成国家财政和物资供应的紧张形势。周恩来、陈云等同志敏锐地发现了这一急躁冒进倾向,及时地提出纠正措施。而毛主席对反冒进是持有不同意见的,但他那时的注意力集中在国际上发生的波匈事件和对斯大林的评价问题上,对反冒进采取了保留的态度。1957年11月,毛主席率中共代表团赴苏联参加各国共产党和工人党代表会议,恰逢苏联发射了人类第一颗人造卫星。毛主席既受到鼓舞,也受到鞭策和刺激。尤其是苏联提出十五年赶上和超过美国的口号,这更撞击着具有强烈民族自尊心的毛泽东同志的心扉,他在会上也表示说:中国十五年后钢产量赶上或超过英国!可以说,毛主席的苏联之行,是一帖"大跃进"的催化剂。

为了统一思想,实现赶英、超英目标,1958年伊始,毛主席便南下,于1月3日至4日在杭州召开中央工作会议后,又马不停蹄,立即赶到南宁,以便为这次范围较大、时间较长的中央工作会议做好各项准备工作。

1958年1月11日晚,南宁会议在南宁明园饭店5号楼正式举行。

会议的主要议题是总结第一个五年计划期间的经验,讨论1958年国民经济计划、预算和第二个五年计划,还研究了改进工作方法和领导方法问题。

会议听取了《一九五八年计划草案的报告》,报告提出了1958年计划的一些指标:工业总产值比上一年增长15.1%,农业总产值增长6.5%,其中产钢620万吨,煤1.5亿吨,粮食3920亿斤,棉花3500万担。并提出至1962年,钢产量达到1500万吨的计划指标。这一计

1958年1月，在南宁会议期间，毛泽东、刘少奇、周恩来同韦国清（左二）、伍晋南（右一）在一起。

划指标超过了第一个五年计划期间的平均增长速度。若按这个发展计划速度，再过15年，我国的钢铁年产可达到4000万吨。而当时英国钢铁年产是2000万吨，15年后估计是3000万吨。

会上，毛主席听取了有关部门的汇报，并多次插话，他强调提出："从1958年起，在继续完成思想、政治革命的同时，着重点放到技术革命方面"（《党的文献》1991年第6期）。他认为，1956年在生产资料所有制方面已取得了社会主义革命的基本胜利，1957年整风反右，又在政治战线上取得了社会主义革命的基本胜利，现在必须来一个技术革命，把党的工作重点转向技术革命和经济建设上。毛主席这一思想是党的八大前后强调的从革命转变到建设的正确战略思想的继续，力图促使中央和全党打开新的思路，振奋精神，以更快速度发展中国的社会主义经济建设。这是南宁会议的一个积极方面。

但是，毛主席在会上严厉批评了1956年的反冒进，以批评反冒进作为会议的重点。会议第一天，他便提出了这一问题，指出反冒进首先没有把指头搞清楚，十个指头只有一个指头生了疮，不能攻其一点，不及其余。为此，毛主席指示在会上印发了宋玉的《登徒子好色赋》，借以批评反冒进的人是像登徒子那样"攻其一点不及其余"。会上还把两位领导人关于纠正冒进的讲话作为错误材料印发。这使当时已出现的"左"的错误得不到纠正，反而助长了脱离实际的冒进，使党内急于求成的"左"倾思想更加膨胀起来。

12日晚上，毛主席又读了诗人屈原的伟大诗篇《离骚》。读后顺便提笔给一位同志写信说："我今晚又读了《离骚》，有所领会，心中喜悦。"随后，他在事前准备的1月16日会议上的讲话提纲中写道："破暮气，走出办公室""学楚词（辞），先学离骚"。会上，他倡导领导干部要"学点文学"，他说："搞文学也要有重点，光搞现实主义一面也不好……搞点幻想。我们建党以来，几十年没正式研究过这个问题。"这里体现毛主席期望全党解放思想，破除迷信，掀起"大跃进"的迫切心情，也是会议期间他不断思考的一个问题。

为适应新的生产高潮，改进中央和地方的工作方法，毛主席还在会上作了关于工作方法的讲话。他在讲话提纲中这样写着："不断革命""夺取政权——土地革命（民主主义的）——再一次土地革命（社会主义的）——社会主义的思想的政治革命——技术革命"。之后，在会议讲话的基础上，他集中了中央和地方许多领导人的意见，拟定了《工作方法六十条（草案）》，在草案中，也讲路线、方针、政策、任务，如把"党的工作的着重点放到技术革命上去"等，这是正确的。在工作方法上，提出又红又专，以平等的态度对待干部和群众，全面规划，几次检查，年终评比，抓两头、带中间，放手发动群众，一切经过试验等，这也是正确的。这对推动各项工作，提高领导工作水平，力求继承中国人民长期革命斗争中形成的优良传统，寻求更好的方法建设社会主义起了一定的积极作用。但草案中提出了"大战三年，使大部分地区的面貌基本改变"等不切实际的口号，也产生了消极的作用。

南宁会议期间，毛主席对广西的建设作了重要指示，为办好《广西日报》写了指示信，并两次畅游邕江，给广西各族人民以极大的鼓舞。1月22日，是南宁会议的最后一天，毛主席和刘少奇、周恩来等中央领导同志冒雨在南宁人民公园接见了5000多名各族群众代表。这是毛主席当时在外地接见群众规模最大的一次，也是毛主席和其他中央领导同志对广西各族人民的亲切关怀。

1975年，毛主席曾对美国著名记者、作家斯诺说："世界上的事情就是这样，要走弯路，就是S形。"努力探索中国自己的建设社会主义道路新起点的南宁会议，有其正确的一面，也有所失误。这也为有中国特色的社会主义道路的形成提供了极其宝贵的经验和教训。

（陈欣德）

丰碑永存

——毛主席为办好《广西日报》写指示信

走进广西日报社大门口，迎面是一座白色大理石构造的大型纪念碑。正面镌刻着毛主席关于办好《广西日报》的指示信（以下简称指示信）铅笔字手稿，背面刻着用毛笔书写的指示信全文。纪念碑古朴典雅，碑顶饰以金黄色琉璃瓦，四角有飞檐。这是1978年春天，自治区党委决定兴建的。指示信手稿连标点在内，共计280个字。全文

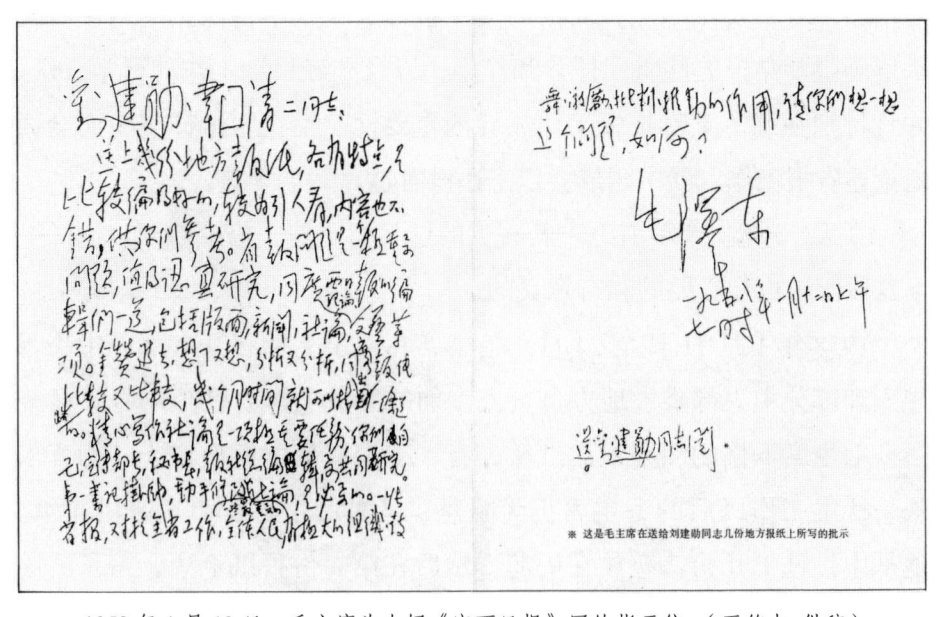

1958年1月12日，毛主席为办好《广西日报》写的指示信。（王笠夫 供稿）

如下：

刘建勋、韦国清二同志：

送上几份地方报纸，各有特点，是比较编得好的，较为引人看，内容也不错，供你们参考。省报问题是一个极重要问题，值得认真研究，同广西日报的编辑们一道，包括版面、新闻、社论、理论、文艺等项。钻进去，想了又想，分析又分析，同各省报纸比较又比较，几个月时间就可以找出一条道路的。精心写作社论是一项极重要任务，你们自己、宣传部长、秘书长、报社总编辑，要共同研究。第一书记挂帅，动手修改一些最重要的社论，是必要的。一张省报，对于全省工作，全体人民，有极大的组织、鼓舞、激励、批判、推动的作用。请你们想一想这个问题，如何？

毛泽东

一九五八年一月十二日

上午七时

驻足纪念碑前，一字一句吟读指示信。毛主席似乎信手写来，涂改增删多处。实则不然，简洁的文字包含了极其丰富深刻的内涵。指示信阐明了党报的性质、任务和作用，以及办好报纸工作的科学方法，并且特别强调了党对报纸工作领导的重要性。毛主席这样集中而全面地论述省报工作，新中国成立以来还没有过。

今天，重温35年前毛主席写下的这封指示信，倍感亲切，回顾一下这段历史也是必要的和有意义的。

1958年1月11日至22日，毛主席在南宁主持召开有部分中央领导人和部分中央部委、地方负责人参加的中央工作会议。1月12日凌晨，毛主席下榻的明园饭店红楼，有一个窗口依然透出灯光。彻夜未眠、伏案工作以后的毛主席仍无睡意，又翻阅了各省市送来的报纸。他从中挑选了几份，叠放在一起，然后在第一份报纸上边，写了"送刘建勋同志阅"一行铅笔字。并在这行字下面画了一个圈，加了一条杠。毛主席沉思片刻，挥笔疾书，就如何办好省报的问题，给当时的广西省委负责人刘建勋、韦国清写了这封信。写完，时针正好指在早晨7时。毛主席在夜以继日为中国社会主义事业操劳之际，还如此关心和阅读各地报纸，认真研究如何办好省报的问题，这是他一贯重视报纸工作的生动体现，实在令人敬佩！

广西省委第一书记刘建勋当天接到指示信后，立即通知广西日报社的编委们到他的办公室。刘建勋把毛主席认为办得较好的几份地方报纸摊开，边说边指点，请大家阅读学习。广西日报社的编委们看到这几份兄弟报纸，确实办得好，各有特点。尤其是毛主席写有"送刘建勋同志阅"的那一份，格外引人注目。这是1月10日出版的《安徽日报》，其第一版为"植树造林"专页。报头下面，套成绿色的两行通栏大标题是："社社百亩千亩万亩林，户户十棵百棵千棵树"。这个版以消息为主，还有社论、照片和图表；稿件长短搭配适宜，文图并茂，整个版面编排设计得很美。诚如毛主席在指示信中所赞扬的："是比较编得好的，较为引人看，内容也不错"。

第二天（13日）晚上，广西日报社值夜班的副总编辑钟纪民向上夜班的同志展示了指示信原件。大家看了写在一张普通白纸上的指示信，心情很激动。当晚发排14日的报纸。省委秘书长霍泛亲自来到报社印刷厂，观看工人师傅在拼的第一版。他说，要改一改死气沉沉的面貌。这一期第一版计划见报的重要消息，是南宁召开除"四害"群众大会。夜班组版编辑杨一纯等同志决心从版面上迅速改观，便精心设计版面，发了一张群众大会场面的通栏大照片，并把标题字压在大照片上，整个版面排得很有气势。14日晚上，霍泛秘书长再次来到广西日报社。他向夜班编辑们传达：毛主席表扬了当天的《广西日报》。毛主席说，《广西日报》版面立即就有改进嘛！很好！这一喜讯传开，广西日报社的同志深受鼓舞。

为了贯彻指示信，广西日报社在这一年的春天和秋天，先后两次认真组织了学习。编委会按照指示信提出的"钻""想""分析""比较"的科学工作方法，发动大家出主意，想办法，找出一条办好报纸的道路。在这同时，编辑部内部开辟"找道路"墙报栏，把全国各省的报纸拿来当老师，和《广西日报》一同贴在编辑部办公室的走廊里。对照人家，找出差距，用以改进自己的工作。当时，自治区党委第一书记刘建勋肯定了广西日报社内部开展的这一"找道路"活动。刘建勋著文称赞："这一民主的群众路线的方法，实在是改进报纸工作的一条好经验，也是一种很好的制度。我们要把它坚持下去，使之经常化。"

稍后一段时间，一些兄弟报纸陆续于内部刊物转载这封指示信。中央有关部门请示毛主席，可否公开发表？毛主席经过亲自审定，只在两个地方略加改动。一是在"几个月时间就可以找出一条道路的"一句中，加了一个"来"字，变成"几个月时间就可以找出一条道路来的"。二是在指示信末尾"请你们想一想这个问题，如何？"一句中，加了"以为"两个字，变成"请你们想一想这个问题，以为如何？"毛主席然后批示："可在新闻界的刊物上发表"。1958年11月24日，人民日报社出版的《新闻战线》第13期首先公开发表。与此同时，《广西日报》也在第二天发表了指示信，还配发了本报社论《给读者》。社论说，本报在学习指示信后，正从三个方面改进报纸工作：一是进一步执行全党办报、群众办报的方针；二是既要注意报道中心工作，也要注意报道各方面的工作；三是大力改进文风。

指示信发出的一年时间里，《广西日报》在自治区党委的领导下，按照毛主席指引的方向，努力改进报纸工作，有了一定进步。先后在《新闻战线》上发表了有关报纸版面、新闻、言论、文艺副刊等7个方面的专题总结性文章。《广西日报》同自治区各级党组织的联系日益密切；各级党组织也更加重视、支持党报工作。有14个地市委书记和秘书长、48个县委书记坚持给《广西日报》写稿。《广西日报》的发行量由原来的6万份上升到12万份。

指示信是毛主席留给广西报人极其珍贵的财富，也是毛泽东思想有关新闻理论的一个重要组成部分。指示信作为新闻工作的重要文献，已载入我国史册。

现在，毛主席关于办好《广西日报》指示信的纪念碑两侧，已是花木葱茏，绿树长春。一代又一代新闻工作者在指示信的指引下茁壮成长。新老报人齐颂：丰碑永存！

（王笠夫）

我参与毛主席在南宁会议期间的警卫工作

人世沧桑，岁月流逝，许多人和事已经淡忘，唯有35年前的一件往事，一直使我魂牵梦绕，难以忘怀。那就是1958年1月，我在南宁市担任副市长兼公安局长时，有幸参与毛主席在南宁会议期间的警卫工作。

准 备

毛主席是1958年1月6日下午从长沙飞抵南宁的，1958年1月23日下午5点离邕飞往广州，在南宁停留了17天，中间1月11日至22日主持了南宁会议。出席会议的刘少奇、周恩来、彭真、薄一波等中央领导同志和部分中央部委、地方负责人先后抵达南宁。

这么多中央和地方的领导人云集南宁，做好警卫工作关系非常重大，必须保证万无一失，绝对安全。广西省委对此极为重视，省委、省政府有关领导同志亲自布置，组成警卫工作指挥部，并进驻了会议地点——明园饭店。

明园饭店虽然是当时南宁最好的宾馆，但毕竟还相当简陋，只有8座窄小的2层楼房，房间倒比较宽大雅静，并有个小院子和会议室，可供活动的是那座小红楼即5号楼。5号楼只需把窗帘改成双层深色的，卧床改用宽大的硬板床，二楼封闭起来，单用地面一层就比较适合毛主席居住。问题就这样解决了。但这座房子有一个很大的不足，距离马路近，车辆行人流量大，噪声也比较大，这样会影响毛主席的工作和休息，警卫工作也有不便之处。于是便设法使车辆分流，以减少噪音，并重新调整了警卫工作。

毛主席是从长沙飞来南宁的。降落是在老机场。那是抗日时留下来的，位置就在现在的区直机关宿舍大板一、二、三区一带，面积小，设备差，沙土跑道，飞机起落一溜尘烟。不过距明园饭店不远，迎送方便。1月6日下午，阳光和煦，气温达到20℃。4点半，毛主席的座机平稳地降落到机场。省公安厅、市公安局的负责人钟枫、仇凌云和我便迎上去。接着，用小车把毛主席和他的随行人员接到明园饭店下榻处。

两下邕江冬泳

南宁1月份的天气历来是不稳定的，时晴时雨，时暖时冷，气温一般10℃左右。1月7日天气预报是8℃—19℃，下午有太阳，气温升到20℃。约莫两点半，我们突然接到一个令人不知所措的通知：毛主席下午要到邕江游泳。我们不但没有做场地、码头、船只和警卫工作的准备，而且陪游的人也没有。毛主席的随行保健医生坚持要到邕江测量水温后才考虑让不让他下水游泳。我立即带那位中年保健医生赶到邕江水上游泳场测量水温，一方面命令水上公安分局立即把巡逻汽船开到游泳场待命，另一方面把南宁市五六个正在游泳场冬训的运动员集中起来，指定刘东理、梁树妹教练带领他们准备3只小板艇。教练和运动员当时感到有点突然，我只向他们简单说有中央首长要游泳，请他们陪游和准备临时救护工作。因我是副市长又经常到这里游泳，同他们比较熟悉，所以他们并没有问什么，一切都按照布置的去做。我和保健医生量得的水温是 17.5℃。

大概是 3 点半，毛主席的座车，开到了六角亭（即现在的冬泳亭处）旁边停下。冬季邕江水位很低，从这里下到游泳场有一段斜坡，毛主席那天穿着灰色大衣，戴着灰色帽子，精神饱满，一步一步缓慢而稳健地下到游泳场。

毛主席微笑着十分高兴地向汽船上、小艇上的干警和运动员招手，人们热烈鼓掌欢迎。他从游泳场登上小汽船更衣，再过到小艇上，望着邕江冬季特有的碧绿清澈的水面，披着睡袍晒了一阵子太阳。船到了江中间，因没有准备下水的小梯，我先跳到水中，然后以手接毛主席下水，两个卫士和两个运动员也跟着下水，我们 5 个人前后左右陪着游。不久，覃应机赶到，他同钟枫也下水陪着毛主席游。3 只小船在周围拉开一定距离跟着，汽船在后面缓缓跟进。

毛主席游泳就像他在词中写的那样——"胜似闲庭信步"。他确是耐力非凡，浮水技巧高超，一切顺其自然舒展。你看他，时而直立踩水转侧泳，时而伸平两手仰卧水面，时而翻身潜入水中。我们这些陪游的，有的不耐水冷，气力不支，只好半途上了艇；有的运动员可

南宁冬泳亭——1958 年 1 月 7 日毛主席畅游邕江时从这里下水游泳。

能因心情紧张，浑身打哆嗦，也爬上了艇。毛主席却越游劲头越大，谈笑风生，十分欢快，毫无倦意。那位保健医生在小艇上直盯着手表报时：10分钟……15分钟……20分钟。毛主席风趣地对我们说："不要理他，你说是不是！"我们只是笑，不好回答。毛主席朝着我问："你这个公安局长，叫什么名字啊？"我说："我叫梁正，'正'是正正当当的'正'。"毛主席又问："你这个人正不正？"我说："基本上正。"毛主席笑着说："好，你基本上正。你是哪里人啊？"我回答说："是广东人，离广州不远。"毛主席风趣地说："这条江是通广东的，我们游到广东去！"毛主席这种平易近人的态度和风趣的言谈，把人们紧张心情和拘谨之态缓和了许多。医生大声嚷着25分钟了，又催促上船。毛主席没有理会，反而说："医生总缠着我，不让游泳，说什么水温17度半，太低，不能下水，现在不是好好的吗？"过一会，医生再度催促上船，说已经超过了半个钟头。但上船没有小梯子帮助很难，下水时稍为帮扶一下就行，爬上小艇就不是那么容易了。毛主席年已65，身躯魁梧，更需要帮助。于是小艇上的卫士用手拉，我在水下用肩膀顶，毛主席终于上了小艇。我也准备爬上小艇时，毛主席挥着手对我说："你不要上来，游回广东去！"我笑着说："我没有这个本事。"

毛主席披上睡袍，坐在小艇晒太阳休息，同运动员聊天。有人说正在划艇的梁树妹教练是横渡长江比赛的亚军。毛主席笑着说："我派你当女子游泳司令。"大家都笑起来。有人问："毛主席，你冷不冷？"毛主席说："下决心就不冷，不下决心，就是二十几度也是冷的。"

……

经过这一次毫无准备而且极为紧张的游泳警卫工作，大家在庆幸没有出什么大问题之后，认为必须立即进行毛主席可能再次到邕江游泳的准备工作。

从游泳场下水和在这一段江面游泳，实非一个理想的地点，因它地处人口稠密的市中心，岸上人来人往，南岸水边还有许多鱼钩，给警卫工作造成不少困难，此次在这里下水游泳实在是因事前毫无准备而采取临时抱佛脚的应急办法。下一次游泳便选定在广西军区大院后门至对河白沙村一带约莫两公里长的江面。这一段，可从军区大院后门下去登船，从凌铁村车渡码头附近登岸。水上公安分局的巡逻船实在太窄小，又破旧，连休息、更衣的地方也没有，只好临时借用港务局的喷水2号汽船，并在船的两边安装两把扶梯，布置了休息室和更衣室，陪游和救护人员也准备好了，还加强了水温监测。

果然，毛主席又要到邕江游泳了，时间是1月12日下午3点多。我们立即按计划各就各位，做好准备。

毛主席乘车来到广西军区大院靠河堤路的围墙边停下，他从这里出了后门便是邕江岸边。军区覃士冕政委在这里迎候。毛主席同他握手并问他叫什么名字，覃政委回答："覃士冕。"毛主席又问："哪个士，哪个冕？"覃政委答："士兵的士，日字下加个任免的免。"毛主席风趣地说："好，你这政委头上还戴着一顶帝王帽子！"

从岸上到水边是一段很陡而窄小的泥沙路，毛主席不用搀扶，一步步地下去，登上汽船更衣后再过到小艇上。这天下午阳光和煦，气温达到25℃，水温是20℃。毛主席在小艇晒了一阵子太阳，便从小艇临时挂着的小梯子下水。这时大约是3点30分。我和三四个人前后左右跟着游，慢慢地顺水而下，保健医生在小艇上监护着，高声地喊着报时：30分钟啦！毛主席似乎没听见，只是轻松舒展着四肢，以各种姿势继续往下游。游了1000多米，前面已看见险滩豹子头了。这里水位低，水道狭，水流湍急，大小不等的乱石，像豹子脑壳一般伸露在水面上。陪游的人都十分焦急。我对此处河床情况不明，只好对毛主席说："主席，前面是豹子头险滩，不能再往前游了！"，毛主席漫不经心地说："什么豹头滩、虎头滩，探险家是怎么工作的！"看来劝阻不住，我同几位陪游者打招呼，要赶在前面，把水下岩石摸清楚，以免出事故。幸好毛主席这时把速度放慢，只在水上浮游，后来在大家协助下登上了小艇。这一次毛主席游了 50 分钟，约 2000 米。毛主席上岸走了一段约 50 米的沙滩路后，才登上汽车，顺利地回到明园饭店。

江边漫步

1 月 9 日，天气预报是多云转少云，温度是 19℃—21℃，下午阳光灿灿，气爽宜人。约莫 3 点钟接到通知，毛主席要外出散步。

市郊南（宁）昆（昆仑关）公路边的六湾坡有一块草坡，平整，近树林，空气也好，才六七公里，又离开了闹市，最适宜散步了，大家想让到那儿去。可毛主席却说："到江边去走走！"我们搞警卫工作的最怕上头临时要去个什么新地方，出了事不好交代。当时一下子把我和仇凌云（公安厅副厅长）闹懵了。

毛主席的座车已经发动，我们只好领路向江边开去。仇凌云是我前一任的市公安局长，对南宁市地理环境很熟悉。我们简单地交换一下意见，一致认为可以领他们到省军区旁的凌铁村车渡码头上的江边高地去。那里比较静，如果人一多必然引起轰动，秩序无法维持。毛主席座车的司机对南宁市的道路不熟，从新民路转入植物路，路窄弯多，我们领着路缓缓开进。因前后只有两部车，没有引起沿途的行人注意。

车子在凌铁村外靠近车渡码头的高地上停下来。毛主席下车后在江岸上漫步，他已戴上一个大口罩，遮住半个脸孔。他走到一个离渡口不远的卖糖果小棚摊前，同 40 多岁的摊主聊天。询问他生意和生活情况，这个中年人回答问题时，有些拘束，也有点惊讶，大概已猜到这个不速之客是个大首长，但不知道究竟是谁。毛主席和善地频频点头，称赞他的普通话讲得好。然后转过身来，走到一个带着孩子在这里歇脚的农妇那里，一面用手摸着这个五六岁男孩的头，一面同农妇拉家常。知道她是从对河山里挑柴进城卖的，生活比解放前好多了。毛主席便连声说："很好，很好！"农妇讲的是郊区平话（土话），不大好懂。我懂一点平话，有时我帮着翻成普通话，特别是平话"柴火"，很不好懂，费了几次询问，毛主席才弄清楚是烧柴，便哈哈大笑，连说："柴火，柴火！"随后，毛主席要下坡到渡口去，他不从公路往下走，而是从斜坡的梯级菜地往下走。我想，也好，走菜地比较安全，便走在前面看路。仇凌云看见毛主席已下到渡口，也领着两部汽车开下渡口等候。

渡口两侧比较开阔，平静碧绿的江水，郁郁葱葱的青山，使人顿感心旷神怡。毛主席在渡口不远处的沙滩上漫步，观看两岸景色，显得十分舒畅。这时正好没有汽车经过，过往行人也匆匆而过。我和仇凌云的心也定下来了。毛主席戴的那个口罩确实起了大作用。

不久，一个渡船满载一船约有四五十名有男有女的解放军，从亭子圩那边驶过来。渡船在靠近码头时，船上的人指着我们这边叽叽喳喳议论什么，忽然有几个女兵在船上高声嚷嚷："毛主席，毛主席！"随着大家高呼："毛主席万岁！毛主席万岁！"在渡口等船的行人和放学回亭子圩的中、小学生闻声发现了这个秘密，也跟着高呼："毛主席万岁！毛主席万岁！"这时，毛主席连忙扯下口罩，频频向群众招手。人们蜂拥围过来，欢呼声不断，有些人还拥上来争着要同毛主席握手。我和仇凌云急忙问清楚，原来这批解放军是303医院的干部和医护人员，他们是到河对岸参加劳动刚归来。前两天他们已听闻毛主席曾在邕江游泳，这回敏锐的女兵看见滩头人物的身影、模样，就断定是毛主席无疑，所以才欢呼起来。仇凌云立即找到他们的领队干部，要他立即组织骨干维护秩序，他照做了。我便在毛主席身边护卫。群众虽然继续跳跃高呼，但很守秩序，只是有些中、小学生还拼命往前挤，要同毛主席握手。我们发现人越来越多，为了安全起见，便招呼毛主席上车回到明园饭店。这回，我以为毛主席会批评我们工作没做好，但毛主席却脸带笑容十分高兴地说："就是不应怕群众嘛，不要害怕群众！"

公园接见群众

在南宁会议期间，毛主席除有一晚同参加会议的刘少奇、周恩来等中央和各省市的领导同志一起到省军区礼堂观看桂剧演出外，没有离开明园饭店大院外出活动。但毛主席邕江冬泳、江边散步的消息已在南宁市各个角落传开，不少人强烈地希望能一睹最高领袖的风采，不少干部群众反映了这个要求。省委认为这些希望和要求是完全可以理解的，决定在适当的时候向毛主席汇报并准备确定军区大院为接见地点。后来刘建勋和韦国清向毛主席请示时，毛主席表示可以在人民公园同群众见面。时间定于1月22日下午3点半，包括机关干部、解放军官兵、工人、农民、市民和学生等，后来统计约5000多人。中央随行的有关同志说，毛主席离京在外地，这样的规格，这样的规模接见群众尚属首次。事前，有关负责人到人民公园作了实地踏勘，确定在公园内分3个接见点：第一个点是古炮台周围，省直、大专院校和市里群众队伍安排在这里；第二个点是公园山顶沿路，南宁地、市队伍在这里列队；第三个点是在革命烈士纪念碑下的广场，解放军、青年团和少先队的队伍分3块排列。每个点安排1500—1700人。中央和各省市领导人的车队，从哪里开上炮台山，在哪里停车，从哪里转回程，都有详细的安排。

当天上午是阴天，气温为17℃。原定下午两点半群众队伍进场，3点前队伍就位，接见从3点半开始。可在群众队伍陆续进场时，忽然下起小雨来，而且雨点越来越密。毛主席住的5号楼外面的马路就是进场队伍通过之道，过路的人声、脚步声都能听到。毛主席知道后甚感不安,担心群众淋湿受冷,他通知要提前到公园。指挥部通知下去,后面未进场的队伍只好跑步前进。2点40分,指挥部得到公园指挥点报告:群众已全部进场,队伍也已按位置摆好。除因下雨接见时间提前之外,一切都是按计划安排顺利进行。

下午3点整,毛泽东、刘少奇、周恩来由刘建勋、韦国清陪同,其他中央、各省市领导同志由省委其他负责人陪同,开始从公园古炮台、公园山顶、纪念碑广场逐个地点接见群众。覃应机、钟枫、仇凌云等领导同志前后照应,我则负责领路。

1958年1月22日,毛主席在南宁人民公园接见驻军。(广西军区军史编研室 供稿)

这时,寒风冷雨袭人,人们衣衫头发被淋湿,但大家都毫不在意,热爱领袖之情早把寒意驱除了。欢呼声响彻公园上空,"毛主席万岁!""中国共产党万岁!""中华人民共和国万岁!"的口号声此起彼伏。人民群众对中国共产党、对毛主席崇敬的心情,实在不是我这支秃笔所能表达的。

整个接见历时约一个半小时。4点半,车队顺利返回明园饭店和国际旅行社。

1月23日,毛主席要走了。下午4点多,我们依依不舍地送他到机场。登机前,毛主席还同我们一一握手。5点,我们目送毛主席的座机飞离南宁大地,升上蓝天。

(梁 正)

接见,在公园春雨中

眼前是一幅人们难以见到的照片,尽管画面已有些陈旧,影调开始发黄,但它还是那样勾人魂魄似的把我牵回到35年前的那次难忘的回忆之中……

时间倒回到1958年1月22日。当时我在广西军区政治部宣传处

1958年1月22日,毛主席在南宁人民公园接见各族群众。(莫义同 供稿)

工作。上午下班时接到通知：下午1点半集合，着装整齐，大盖帽、皮鞋、腰带，要准时到，谁也不准请假。

部队里不兴瞎胡猜，更不许乱叨咕，但多数人已知道这是怎么回事，心照不宣而已。我估计，准是要见毛主席。

我这估计是有根据的：一是一周前我因牙龈炎住进303医院，就听院内传闻，说是谁谁谁，他们劳动回来，在邕江边见到了毛主席。开始，毛主席还戴着大口罩和小摊主聊天，后来被认出来了，便脱下口罩，跟大伙握手。警卫人员怕人多杂乱，还组织部队同志临时维持秩序呢！我听后就要求提前出了院，心想出院回到军区，也许有机会见到毛主席。二是前几天的一个晚上，毛主席曾经到军区礼堂看戏。毛主席到南宁开中央工作会议的事，在机关干部中，已是不公开的公开。既然如此，说不定毛主席还会来军区部队视察，我们能见到他呢！越分析越觉得自己的估计十拿九稳，下午集合的事又跟往常的要求不同，不是要见毛主席又是什么！大家午觉也不睡了，干脆做些准备，或者把裤脚上的泥尘刷个干净，或者把皮鞋擦得锃亮……

下午1点半，大家精神抖擞地依时、按规定到操场集合好。带队的是司令部的处长李竞。他喊的口令明确清楚，声音洪亮，而且徐疾有序，使得队伍动作整齐划一，重要场合都由他带队。他高声对大家说："这次，是到人民公园接受毛主席接见！现在宣布纪律：一、服从命令听指挥，叫你站那里就站那里，不能乱走乱动；二、鼓掌、喊口号，听统一号令再开始，不得个人乱喊；三、保持军容风纪，保证安全。以上三条，谁若违犯，军纪不容。"大家听了都很兴奋。最后李处长呼叫了几个人的名字，又伸手往我这里一点："莫义同，出列。"我当即跑步到他跟前立定。他叫出列的六七个人列成一行，见我们的个头都差不多，一米七五左右，便点点头，然后交代我们的任务是协助维持现场秩序，因为部队旁边还有别的人群。干这个事，那是挺光荣的，大家都表示坚决完成任务。

接着便向人民公园进发，快到公园时，天下起了小雨。部队便一路小跑到了烈士纪念碑下的小广场上。这时，成群结队的群众队伍陆续进园，有工人、农民、市民、学生、机关干部等，有的排在古炮台周围，有的排在公园山顶道旁，许多小学生却来跟我们在一起。

雨，稀稀洒洒，时大时小，下个不停，把公园的排排绿树洗得格外嫩绿、滴翠，毕竟春天提早到来了！我们的棉军装外层已被淋湿，可一点儿也不觉得冷。有的同志还故意仰起脸面接雨水，再用双手抹几把，似乎这样更精神些！再看看那么多进园的人群，却没有一个带雨具的。于是我们更加充满信心：不管天老爷雨不雨，毛主席准会来的，今天肯定能看到毛主席！

雨，下下停停，停停下下。2点40分，我们的队伍按规定位置站好，是在比小广场地面高一个台阶的水泥台地上。我一人被分配到台地西端的最前排，紧挨我后面的是一大群叽叽喳喳的红领巾，面前就是进入小广场的水泥路。毛主席一来，这里是必经之地，当然不能出任何问题。我回头找到管小红领巾的大红领巾——老师，像宣布什么规定那样对他说："请你一定管好小同学，不能挤过我站的这道线。谁不听话，就叫他回去！你管不好，唯你是问。"这一着很灵，我的话经他一"传达"，小朋友马上规矩下来，一个个站着不动，只有黑眼珠骨碌碌在转动。

2点50分，一辆黑色轿车飞快开到，出来的是刘建勋书记。他向我们这里齐刷刷的队伍扫视一下，似乎没发现什么问题，手一摆，又马上钻进轿车开走了——是打前站吧！

大约又过了10分钟光景，忽地从古炮台山那边传来呼呼呀呀的声浪，一阵一阵的。原来是毛主席到了古炮台山，先是接见炮台周围的群众，还接受了民族学院的同学献花，那呼呼呀呀的声响就是发自一里地外的人们的欢呼。那声音伴着春雨春风，又像烈士纪念碑下的松涛，断断续续传过来，似乎逐渐加大，加大；我心中也一阵热似一阵，快了，快了。

大约4点，来路那头出现了几辆小轿车，开到小广场路口处便停住，车里出来的首长陆续走过来……

啊，毛主席，毛主席！走在最前面的是毛主席！他，古铜色的脸，堆满慈祥的笑容，头戴银灰色帽子，身着银灰色大衣，脚踏深黑色皮鞋，迈着稳健的步伐走过来了。毛主席就从我面前走过，相距也不过五六米，看得再清楚没有了。毛主席的大衣上、帽子上还有许多水渍没干呢！他阔步前行，撑在身后的那把雨伞似乎还跟不上。他脸朝我们部队这边、师生群众这边深情地望着，频频地招手。那神情，给人是关怀，是信任，是鼓舞，是力量，仿佛什么都有了！随后走过的是刘少奇、周恩来等中央首长，后面还有一些省、市的负责同志。个个神采奕奕，信心十足。

怎么还不喊口号呢？该喊啦，快喊吧！正急着，突然，"毛主席万岁！""共产党万岁！"的呼声冲天而起，紧接着，口号声、欢呼声如山呼海啸般响了起来，好像整个公园都乐开了。我也不由地跟着举手高呼。我身后的红领巾本来就想尽量靠前，以便看个够，这时便趁机往前拱，把我挤出了两步。我赶紧回头，故意一瞪眼，双手往里头按了几按，又示意叫那位管小红领巾的大红领巾也像我这么做，这才稳住了阵脚。

春雨似乎小了，云层似乎薄了，整个天空明亮多了！

毛主席走上台地，向前，向后，向左，向右，原地转了一圈，分别向四周的人群挥手致意。大概是为了让后排的人也能看得着，他挥动的右手举得更高，还特意往前往高处伸，再连连招摆。这一来，欢呼声更是响成一片，实在分不出字来。只觉得，山在歌，水在笑，云天大地都是情啊！

……

接见后不久，可能由于我负责收集和编写革命史料之故，竟无意中收到下面部队寄来一张、即本文开头说的那张照片。后来几经调动、搬家，这照片都保存下来了，今天正好公之于众。你看，那照片上不是清清楚楚地显出，春雨中，公园里，毛主席正迈开大步，向欢呼的群众走来么！

（莫义同）

我给毛主席献了花

1958年，我正在广西民族学院读书。这年1月22日，我有幸在南宁人民公园见到了毛主席，还代表广西各族人民向他老人家献了花。事情虽然过去35年了，但那情景，我还记得清清楚楚。

那天上午，我们学院100多位同学，穿着民族服装，乘车到了省礼堂。这时，一位同志点了我和韦武（壮族）等8位同学的名，说让我们向中央首长献花，并给我们每人一束鲜花。之后，又派车送我到省民族事务委员会。民委秦振武副主任满脸笑容地对我说："小吴呀，你今天最幸福啦！这次由你领头向中央首长献花啵！"我高兴得直点头。秦副主任又说："不过你要换一套更漂亮点的民族服装去才行。"说着，拿出了一套准备好的侗装给我。好咧，侗装是天蓝色缎子做的上衣，黑色绒布做的百褶裙，头巾雪白雪白，两头还吊着红丝丝。我马上穿起，好精神哩！秦副主任又看了看，才派车送我回礼堂。

民院师生的队伍，由我和韦武等手持鲜花走在前面领路，一路步行到了人民公园，在炮台一侧站好了队。四周还有好多好多干部群众。天虽然下着雨，但大家的心里都非常高兴。

下午3点钟左右，只见一队小轿车从炮台路口那边向我们徐徐开来，大家都瞪大眼睛望过去。车开到我们前面不远处停住，一位同志撑着雨伞上去打开头一辆车车门，出来一位身材高大的人物。

啊，是毛主席！毛主席身穿银灰色大衣，戴着帽子，满脸笑容望着周围的群众。这时，一下子就响起了"毛主席万岁""中国共产党万岁"的口号声、欢呼声。毛主席走过来了，我怀着兴奋、激动的心情，按照事先的安排，立即跑上前去，双手将鲜花献给毛主席。毛主席微笑着接过鲜花，又弯下腰来看我胸前佩戴的布制校徽，和蔼地问我："小同志，你是广西民族学院的学生吗？"我回答说："是的。全靠你老人家的领导，我们少数民族才能有今天呢！"毛主席又问："你是什么民族？"我答道："是侗族。"毛主席边问边领着我往前走，还不时向欢呼的群众招手。我满含热泪的双眼一刻也没有离开毛主席那高大的身影，一直走了20多米远，民院领导才来将我领回队伍。我当时太高兴了，太专心看毛主席了，以致同去的同学怎样给各位中央首长献花，我都没有注意到。

给毛主席献花，对我是很大的鼓舞和鞭策。我这个生长在侗族山村贫苦农家的姑娘，在新社会里才能读书识字，参加工作。到省民委工作以后，党又送我到民族学院学习。我想，我要对得起党和人民的培养，要为建设民族地区贡献力量。1959年在民族学院学习结束后，组织上同意我的要求，让我回到了家乡三江侗族自治县。以后便长期在基层为群众服务。我干一行爱一行，得到干部群众的信任，曾14次被评为先进工作者或优秀共产党员。1983年还当选为自治区第六届人民代表大会代表。现在我已退休了。但我相信，我们少数民族地区的干部，在今天改革开放的时代里，一定会更好地带领群众，齐心协力，把民族地区建设得更好。

（吴英花口述　颜谷整理）

《刘三姐》进京

1960年2月，中共广西壮族自治区委员会发出关于举行全区《刘三姐》会演的决定。全区各地立即掀起了以编演《刘三姐》为中心的群众性文艺活动。4月，在南宁举行全区《刘三姐》会演的基础上，吸取各地、市剧本的长处和特点，把《刘三姐》整理改编成歌舞剧，并于5月组成了广西壮族自治区民间歌舞剧《刘三姐》演出团。7月，演出团应邀赴北京作汇报演出。在两个多月的演出期间，《刘三姐》四进中南海。

7月7日，毛主席观看了《刘三姐》的演出并热烈鼓掌。后来，他对何其芳同志说："刘三姐反压迫，是革命的。"刘少奇主席、周恩来总理、朱德委员长、邓小平总书记、叶剑英元帅、李先念副总理等中央领导同志都曾先后观看了演出，他们或与演员合影留念，或题诗赞许。叶剑英题了两首诗：

（一）

壮家三姐擅斯文，一曲能当十万军。
正是鸡鸣风雨夜，中流砥柱出钗裙。

（二）

绯桃红后木棉开，三姐江干带笑来。
黑夜歌残天大白，万家欢乐唱千回。

郭沫若也有这样的诗作：

> 桃（陶）李三秀才，都是大书呆。
>
> 遇见刘三姐，顿教口不开。

党和国家领导人给《刘三姐》演出团以亲切的勉励和热情的关怀。在北京演出结束后，又应邀到天津、呼和浩特、哈尔滨、上海、福州、武汉、广州、深圳[①]等地巡回演出共500余场，受到广大观众和各界人士的热烈欢迎。

《刘三姐》歌舞剧的成功，是党的"百花齐放，推陈出新"文艺方针的胜利，是毛泽东文艺思想的胜利。《刘三姐》的创作过程就是"从群众中来，到群众中去"的过程。毛泽东同志说得好：人民群众的生活"是一切文学艺术的取之不尽、用之不竭的唯一的源泉"。群众的生活不仅有丰富的文艺创作题材，而且群众中有优美的表达他们生活的文艺形式。《刘三姐》这个戏就是遵循毛泽东指引的方向去创作、演出，才获得成功的。不论哪一个地区，哪一个剧团，在创作《刘三姐》时，都通过访问、座谈等方式，从群众生活中吸取了大量的养料，包括故事、民歌、曲调等等。最后经过集中、提炼，在短短几个月内达到了较高的水平，并得到了毛主席和有关领导同志的充分肯定，得到广大人民群众的欢迎，后来又改编成彩色电影故事片《刘三姐》。不管是歌舞剧《刘三姐》，还是电影《刘三姐》，都长期成为优秀的保留剧目，且在海外享有良好的声誉，这确不是偶然的。

（李建华）

---

① 当时为广东省宝安县深圳镇。

毛泽东与李宗仁握手[1]

1965年7月27日上午,一辆高级豪华轿车,从北京东郊往城里开去,急速地奔向宽阔的长安街,径直向中南海方向驶去……

车里坐着的曾是中国现代史上的一位风云人物,赫赫有名的桂系首脑、原国民党政府代总统李宗仁。这位祖籍广西桂林的国民党高级军政要员,在海外飘零了16年之后,终于毅然选择了回归祖国的道路,于7月20日回到祖国首都北京。

同车的两位,也都是广西籍的著名人物:

郭德洁,李宗仁的夫人,广西桂平县人;程思远,李宗仁的原政治秘书,广西宾阳县人。

此刻,他们内心都满怀激动,急切地盼望着那期待已久的时刻的到来。

这天上午,李宗仁一行正在北京东郊参观国棉二厂,突然接到通知说,毛主席正在中南海等待接见他们。接此消息,李宗仁喜出望外,立即驱车前往。轿车过了天安门,由新华门进入中南海,来到一个游泳池边,毛主席正在游泳池的休息室里等候李宗仁一行。

---

[1] 本文撰写时参考了程思远的《政坛回忆》(广西人民出版社1983年版)、《李宗仁晚年》(文史资料出版社1980年版)和陈敦德的《归根——毛泽东、周恩来与李宗仁握手》(解放军文艺出版社1991年版)等书的有关材料。

当李宗仁下车后正沿着游泳池往前走的时候，毛主席早已热情地迎了上来，向李宗仁伸出了他那宽厚巨大的手，李宗仁赶忙伸出双手。于是，中国共产党中央委员会主席和原国民党政府代总统的手，在这一历史性的时刻，紧紧地握在了一起！

毛主席又把手伸向郭德洁，热情地对李宗仁夫妇说："你们回来了，很好，欢迎你们！"

毛主席又同程思远握手，说："久闻大名，如雷贯耳。"

程思远近几年曾为李宗仁的归来，多次到北京和周总理联系，听取周总理的指示，毛主席对此是清楚的。但这时的程思远一听此言，真有点不知所措。

宾主刚刚坐定，毛主席便幽默地以浓重的湖南口音对李宗仁说："嘿嘿，德邻先生，你这一次归国，是误上贼船了。台湾当局口口声声叫我们做'匪'，还叫祖国大陆做'匪区'，你不是误上贼船是什么呢！"

程思远连忙替李宗仁作答："我们搭上这一条船，已登彼岸。"

在座的彭真副委员长也跟着说："是的，登了彼岸。"

毛主席和大家一齐哈哈大笑起来。

1965年7月27日，毛主席在中南海延见李宗仁先生及其夫人郭德洁女士。左一为程思远先生。

少顷，李宗仁俯身向前，恭敬地对毛主席说："这一次回到祖国怀抱，受到政府和人民热情欢迎，首先应对主席表示由衷的感谢。几天来，我们在北京地区参观访问，亲眼看到祖国社会主义建设的伟大成就，感触颇深。我们为祖国的日益强大而感到十分高兴。"

毛主席谦逊地回答："祖国比过去强大了一些，但还不很强大，我们至少要再建设二三十年，才能真正强大起来。"

接着，李宗仁谈到海外的许多人都怀念伟大的社会主义祖国，他们都渴望回到祖国来。

毛主席目视远方，目光中充满了对海外同胞的一片深情。他满怀感情地对李宗仁说："跑到海外的，凡是愿意回来，我们都欢迎。他们回来，我们都以礼相待。"

毛主席还建议李宗仁到全国各地去看看，李宗仁欣然同意，并一再表示感谢。

随后，毛主席邀彭真和程思远一起下水游泳。只见毛主席舒展四肢，在碧水中徐徐前进，时而仰泳，时而侧泳，游得那么从容不迫，真如"闲庭信步"。程思远紧紧跟在毛主席的身边。毛主席对程思远说："你游得不错嘛！"程思远回答："跟不上主席啊！"

上岸休息时，毛主席让程思远坐到他的身边，问程思远的学历和在海外的情况。

程思远说："海外也有很多人学习、研究毛泽东思想。"

毛主席听了笑着问："你知道我靠什么吃饭的？"

程思远一时语塞。

毛主席徐徐说道："靠总结经验。"

下午一时许，毛主席邀李宗仁一行来到他的丰泽园住所。在这里，毛主席又同李宗仁谈了一会儿。李宗仁深以台湾的问题久悬不决为虑。毛主席专注地听着李宗仁的谈话，冷静地回答："德邻先生，不要急，台湾总有一天回到祖国来的，这是不可逆转的历史潮流。"

过了一会，毛主席又把目光投向程思远，问："你的名字为什么叫程思远？"

程思远回答道："因为对自己的前程总应当想得远一点，所以才回来跟毛主席、共产党。"

毛主席满意地笑了。又问道："你有别字吗？"

"没有。"程思远说。

"那好"，毛主席马上说，"我来给你取个别字。中国古代有个散文家叫韩愈，字退之。现在我给你取个别字，叫近之。远近的近，之乎者也的之。之者，共产党也，近之，从今而后靠近中国共产党。你看如何？"

程思远立刻表示感谢，说："这是主席给我最大的光荣。"

随后，毛主席和李宗仁一行合影留念，并请大家一起共进午餐。这是一个丰盛的宴会，有各种各样的京津名菜。席间，毛主席和李宗仁频频举杯，边吃边叙，谈笑风生，十分融洽。

流亡海外多年的原国民党政府代总统李宗仁回归中国大陆，成了举世轰动的重大新闻，而中国共产党领袖毛泽东与李宗仁的握手，又更是重大新闻中的特别重大新闻，世界各大报、各大通讯社对此都作了突出报道。对于李宗仁的回归，海内外的炎黄子孙们都议论纷纷，有的推崇李宗仁此举顺乎历史潮流，是识时务的爱国行动；有的指责李宗仁"晚节不保，自毁名誉"；更多的人却由此引起深思：为什么连过去反共的李宗仁也要回归中共的人民中国？

不管人们怎么议论，如何评说，李宗仁深信自己晚年所选择的这条道路是正确的，同毛主席的历史性会见和握手，更使他坚信这一点。

毛主席会见李宗仁后不久，中国大地上就卷起了"文化大革命"的风暴。十年动乱开始了。当许多党内外的知名人士在动乱中受到严重冲击的时候，毛主席、周总理对李宗仁采取了一系列保护措施。1966年国庆节，毛主席还邀请李宗仁上天安门，特意让他站在中间，热情地和李宗仁握手,似乎为了让所有的人都能看到这一历史性的会见。毛主席对李宗仁说:"请多保重身体,共产党不会忘记你的。"

握着手的时候,毛主席还请李宗仁到休息室里去喝茶。毛主席挽着李宗仁走到休息室,摁着李宗仁的肩膀,请他坐上位。

李宗仁忙说:"主席在这里,我怎么好坐在上位呢?"

毛主席诚恳地说:"你比我年岁大,是老大哥,应该坐上位。"

当时,目睹这一切的一位摄影记者,曾经这样回忆说:"两位老人的会见是那样的和谐、亲切、诚恳,它将永远留在人们的记忆中。"

是的,人们永远不会忘记这两位老人的历史性会见,它能留给人们多少思索和启迪呵!

1969年1月,李宗仁病危。在弥留之际,他是那样深深地思念着毛主席和给了他新生的中国共产党,思念着他无限眷恋的伟大祖国,他对守在床边的亲人说:"我的日子不会再有多久了,我能够回来死在自己的国家里,这是了却我一件最大的心愿。"他嘱咐把自己珍藏了几十年之久的几瓶世界名酒分送给毛主席、周总理。又口授了一封给毛主席、周总理的信。信中说:

我在1965年毅然从海外回到祖国所走的这一条路是走对了的。

这个伟大的时代,我深深地感到能成为中国人民的一分子是一个无比的光荣。

在我快要离开人世的最后一刻,我还深以留在台湾和海外的国民党人和一切爱国的知识分子的前途为念。他们目前只有一条路,就是同我一样回到祖国怀抱……

1969年10月30日午夜12时,李宗仁,这位原国民党政府代总统,终于安详地闭上了眼睛,在祖国的首都北京辞世,终年78岁。他的心中,还带着对毛主席的深深思念和感激之情。

(金本毅)

毛主席题字大藤峡

1974年春，广西壮族自治区党委书记韦国清同志在北京开会期间，毛主席约请他到中南海汇报工作。当说到民族关系的状况时，毛主席语重心长地说，广西是一个多民族的自治地方，民族关系要搞好，要落实好党的民族政策，加强民族团结。广西各族人民有光荣的革命斗争传统，明朝瑶、壮人民在大藤峡的反抗斗争你晓不晓得？他们英勇卓绝的艰苦斗争延续了200多年，真的了不起啊！毛主席说完，随手拿上铅笔，写下了"大藤峡"三个苍劲有力的字。这个字，饱含着毛主席对起义人民的崇敬之情，也体现了他对祖国各族人民共同事业的拳拳之心。

大藤峡位于黔江中下游，从武宣的勒马至桂平县的弩滩，长约60多公里，两岸千山万谷，绝壁悬崖，形势极为险要，扼柳州、梧州之间河道的咽喉，历来是兵家必争之地。相传在弩滩之上约5里的地方，原有一条大藤，长十数丈，蔓延跨江，日沉水底，夜浮水面，人可缘藤渡江，故名大藤峡。明代，大藤峡是一个广义的称谓，它包括今桂平、贵港、象州、武宣、平南、藤县、金秀等县（自治县）市方圆500多公里的地方。境内万山盘桓，层峦叠嶂，"登峡巅环眺，则远近数百里动静，举在眉睫间"。居住在这里的瑶、壮族人民，世代相承，开山劈岭，垦田种地，繁衍后代。明洪武初年，封建统治者对大藤峡地区的各族人民实行军事镇压和经济封锁，并派士兵夺田屯守，逼得瑶、壮人民生计艰难，被迫拿起刀矛，举行大规模的反抗封建统治的斗争。他们一代接着一代，前仆后继，一次又一次起义，前后持续了200余年。从洪武初年至崇祯年间，明王朝调兵遣将，先后调动了数十万大军前来围攻。瑶、壮人民采取了"官有万兵，我有万山，兵来我去，兵去我还"的灵活机动的战略战术相抗衡，不仅攻陷了许多府、州、县，而且斗争范围扩大到广东、湖南、江西等省，震撼了明朝中央政权。

明成化元年（1465年），朝廷派都督韩雍率16万官兵进剿大藤峡，前后达10年之久，手段十分毒辣，被屠杀的瑶、壮人民"积尸盈野，流血成川"，惨不忍睹。大藤峡的大藤被砍断，易名为断藤峡。瑶、壮人民不畏强暴，英勇战斗。他们利用简陋的武器，"置滚木、礌石、镖枪、毒矢，下如雨注"，抗击官军。明正德三年（1508年），朝廷又派陈金总督两广军务围剿大藤峡。老奸巨猾的陈金，采取软硬兼施的办法，一方面以武力镇压，另一方面以招抚利诱手段，与起义人民订约，使峡道通航，并把断藤峡改为永通峡。可是官军阳奉阴违，屡次违章，破坏约法，义军被迫重举义旗，以牙还牙。嘉靖六年（1527年）明世宗朱厚熜急忙派遣王守仁（王阳明）来广西督战，镇压右江、八寨及大藤峡瑶、壮人民起义。王守仁一方面宣扬儒学，推行"愚民政策"，叫人们从天命，安分守己；另一方面"官军所至，烧杀掳掠"，使出了"石头也要过刀"的残暴手段。但是，反动的两手并不都是灵丹妙药，起义的烽火照样燃烧，"力疾从事"的王守仁也心劳力瘁，在抬回江西途中一命呜呼了。

明嘉靖十七年（1538年），朝廷又几经调兵遣将，对大藤峡义军残暴镇压，并从政治、经济、军事各方面加强封锁和控制。义军被分割成几小块，失去了统一指挥、统一行动和统一的领导核心，终于被逐个打垮。起义领袖蓝受贰、侯大苟、侯郑昂、侯公丁先后壮烈牺牲。

轰轰烈烈的瑶、壮人民大藤峡起义虽然失败了，但大藤峡瑶、壮人民反抗封建王朝的阶级压迫、民族压迫的顽强斗争精神，却永放光芒。

聆听了毛主席的教诲，韦国清带着他老人家的手书回到广西后，指示有关部门召集在南宁的史学界专家学者开座谈会，布置整理大藤峡起义的文献资料，深入开展研究，以促进广西各界对民族问题的重视，进一步落实党的民族政策。经过几个月的努力，大藤峡起义的资料整理出来付印成册，提供给有关部门研究参考。在这前后，自治区人民政府也先后发出了关于落实民族政策，加强民族团结的指示，从而把广西的社会主义民族关系推向了一个新阶段。

广西各族人民没有辜负毛主席的殷切期望。在韦国清等同志和广西各族人民的共同努力下，广西各民族相互间的关系一直是比较好的。新中国成立以来特别是十一届三中全会以来，自治区党委和人民政府结合广西实际，始终重视贯彻落实党的民族政策，开展增强民族团结的教育，发扬汉族和各少数民族团结友爱、互相帮助、共同战斗的优良传统，宣传"汉族离不开少数民族，少数民族离不开汉族"的密切关系和现实意义，使全区出现了各族人民紧密团结，友爱合作，相互支持，并肩前进的新局面。在改革开放大潮中，桂东南及沿海地区的汉族从资金、技术、人才方面支援桂西北山区少数民族建设事业，而桂西北少数民族又为桂东南及沿海汉族地区的建设提供各种矿产资源和原材料。余缺相济，取长补短，互惠互利。大批汉族干部，科技、文教、医务等各方面人才到桂西北少数民族山区工作。他们以自己的文化和科学技术知识，帮助山区少数民族制订脱贫致富计划，发展生产，培养人才，传授各种生产技术和管理方法，有力地支援了少数民族山区的建设事业。从而使各族人民之间的团结互助进一步加强。他们共同奋斗，换来了全区更加繁荣兴旺的新局面。

民族团结促进了经济的发展，记载着历史风风雨雨的古战场大藤峡也将发生巨大的变化。作为广西最长、最雄伟的河谷，这里赤浪澎湃，水力资源十分丰富。国家已经对它进行了勘测，计划在这里建造一座装机容量为 120 万千瓦的水力发电站[①]。识大体、顾大局的瑶、壮族人民将和过去一样，团结协作，共同努力，搞好国家的重点建设。不久的将来，大藤峡水电站将给岭南各族人民送去光和热，给人们带来幸福和欢乐。

（梁友寿　李干芬）

[①] 2014 年 11 月，大藤峡水利枢纽工程正式开工建设。2023 年 9 月，大藤峡水利枢纽最后一台机组正式投产发电。

再版后记

《毛泽东与广西》由广西人民出版社1993年首次出版。该书编写人员把对毛泽东同志的崇敬之情化入笔端,从不同时期和不同角度,讲述了毛泽东同志与广西的感人故事,生动展现了毛泽东同志对广西的革命斗争和社会主义建设事业倾注的大量心血,凝结和寄托了广西各族人民对毛泽东同志的无限深情。

2023年是毛泽东同志诞辰130周年,根据中共党史出版社组织出版《追寻毛泽东足迹》系列丛书要求,广西壮族自治区党委宣传部、广西壮族自治区党委党史研究室对《毛泽东与广西》一书进行修订再版。

广西壮族自治区党委宣传部高度重视此次修订再版工作,积极协调,加强指导,广西壮族自治区党委党史研究室负责具体修订工作。广西壮族自治区党委党史研究室主任李振唐全程指导,征研一处黄莺、农丕泽、李哲对涉及新民主主义革命时期内容进行修订,征研二处林苹、廖国雄对涉及社会主义革命和建设时期内容进行修订。修订工作征求了原编写者的意见,得到他们的大力支持。随着档案文献资料的不断发掘和党史研究的深入,一些回忆文章涉及的史实有了新的佐证,本书修订吸收了这些成果。

由于修订者学识水平和史料所限，书中难免还会有一些错漏、偏颇、不当之处，敬请广大读者批评指正。

编　者

2023 年 12 月